Jazz und Spiritualität

Uwe Steinmetz

Jazz und Spiritualität

claudius

essay

Für die Hörenden,
Spielenden,
Betenden.

Great art is absolutely suitable to some sort of spiritual awareness and forces which lay beyond the plane of life we are used to. Some people experience this more than others. An artist is supposed to be attempting to be in touch with these aspects. That's just one of the artist's responsibilities and what they reveal in their work to people among other things.

But the closeness that you have with music and your instrument is akin to a feeling that you can't put into words. One knows it exists but you don't necessarily have proof. Spiritual beliefs are truly something you can have faith in. It's kind of the way we play our instrument. We surely practice and know some things are going to work but we are not positive they always will.

The responsibility of the artist in any field is to achieve expertise and reveal the forces that are surrounding all of us … it's our job!!

Dave Liebman, May 2023

INHALT

Vorwort

Tord Gustavsen: Die Heilige Dreifaltigkeit im Jazz

Fire, *Truth* und *Prayer* bilden die Hauptkapitel dieses Essays über die Geschichte der Begegnungen von Spiritualität und Jazz, erzählt von dem brillanten Saxophonisten und Musikwissenschaftler Uwe Steinmetz. Feuer, Wahrheit und Gebet – was für eine schöne Zusammenfassung der grundlegendsten Aspekte des Lebens und einer Musik im Fluss! Es geht um Vitalität, Ehrlichkeit und Offenheit. In Beziehungen, in der persönlichen Entwicklung, in der Spiritualität und im Musikmachen.

Wenn wir spielen, dienen, suchen und feiern wir eine wertvolle grundlegende *Wahrheit*, die Worte nicht vollständig ausdrücken können. Wir sind *Feuer und Flamme* – angetrieben von Inspiration und Leidenschaft entwickeln wir uns spielerisch weiter, idealerweise nachhaltig in einer vertiefenden Spiralbewegung und nicht in Richtung Burn-out. Wir betreten den musikalischen Raum mit unserer Sehnsucht nach Freiheit, unserer Verletzlichkeit, unserer Offenheit und unserem Willen zum Zuhören – wir *beten*. Wenn dies alles in unserer Musik gelingt, sind wir auf dem Höhepunkt dessen angelangt, was uns als Menschen ausmacht; wir bringen fruchtbare Energie und Liebe in die Welt und nehmen im Grunde an der Schöpfung teil. Was für ein Geschenk, dies zu dürfen, und was für eine Verantwortung – und wie sehr es schmerzt, wenn dies nicht gelingt, da wir darum wissen, wie gut es sein könnte!

Die Vorstellung von der Heiligen Dreifaltigkeit in der christlichen Tradition kann sich postmodernen Menschen – mit oder ohne religiösen Hintergrund – auf inspirierende neue Weise eröffnen. Ergänzend zur biblischen „Vater-Sohn"-Beziehung können wir Gott als ultimative Realität in der dritten Person (Wahrheit), Gott als persönliche dialogische Präsenz in der zweiten Person (Gebet) und Gott als Lebenskraft in uns in der ersten Person (Feuer) betrachten. Auf diese Weise ergibt „Vater, Sohn und Heiliger Geist" auch für mich persönlich heute den meisten Sinn, besonders in Anlehnung an die Schriften der Theologen Paul Smith und Roland Michael Stanich.

Und wenn man diese befreiende erweiternde Vorstellung von Trinität in die Tat umsetzt, zeigt sich ihre vielschichtige Sinnhaftigkeit, denn wenn wir Musik machen, beteiligen wir uns aktiv an der *Entfaltung der Heiligen Dreifaltigkeit*. Es ist der multidimensionale und multidirektionale Fluss von 1) analytischem Verstand, 2) relationaler, verletzlicher Präsenz und 3) instinktiver Vitalität im symbiotischen Zusammenspiel, das die Musik zum Leben erweckt.

Mit dem *analytischen Verstand* sind wir ständig im Prozess des Hörens und Verstehens, erkennen Muster, identifizieren mögliche Wege in die Zukunft usw. Durch die *relationale Präsenz* sind wir mit der Band und dem Publikum in Verbindung, kommunizieren, lieben oder streiten manchmal auch. Mit der *instinktiven Vitalität* lassen wir die Musik geschehen, wir intensivieren unser Spiel, lassen uns vom dem Groove, von den kostbaren, kraftvoll klingenden Texturen und Gesten inspirieren. An diesen Prozessen aktiv dabei zu sein, und manchmal die totale Synthese der drei zu erleben, bedeutet, an der Entfaltung der Heiligen Dreifaltigkeit teilzunehmen; das Absolute oder das Heilige zu suchen, unser Herz zu öffnen und die Kraft des Lebens zu spüren und diese zu lenken. Was für ein Geschenk – und was für eine Verantwortung.

Das gilt auch für Musik ohne *ausdrücklichen* Bezug zur Spiritualität. Manche Musikerinnen und Musiker verwenden explizit religiöse oder spirituelle Sprache, manche nicht. Manche sind sogar davon angewidert. Und das ist völlig in Ordnung. Es sind ohnehin nicht die Worte und die Konzepte, die verwendet werden, sondern die Musik, die gemacht wird – und was diese Musik an Inspiration, Klarheit, tiefer Freude, Spaß und existenzieller Unterstützung geben kann. Ich kenne niemanden, der mehr postmoderne spirituelle Präsenz besitzt und zugleich meine eigenen Fehler so großzügig vergibt wie der agnostische Schlagzeuger in meinem Trio.

Natürlich kann dieser trinitarische Fluss in explizit „spiritueller" improvisierter Musik *offenkundiger sein* und geschehen, wenn sie mit Ritualen, Meditation, Trance oder spirituellen Erkundungen zu tun hat. Wenn wir zum Beispiel mit biblischen Chakra-Meditationen mit improvisierter Musik und angeleiteter Meditation in unserer Kirche arbeiten, gehen wir in gewisser Weise mit dem spirituellen Aspekt der Musik weiter, als wenn wir ein Konzert für ein zahlendes Publikum spielen.

Aber ich glaube fest, dass der Kern derselbe ist. Jedes gute Konzert kann auch eine spirituelle Meditation oder sogar eine

Liturgie sein, die uns mit einer tiefen Wahrheit in Berührung bringt, unser Lebensfeuer neu anfacht und einen Raum für ein informelles Gebet oder die Ermutigung zu einem aufrichtigen Dialog mit anderen Menschen eröffnen kann.

Auf diese Weise ermöglichen die persönlichen und musikalischen Begegnungen zugleich die Entfaltung der Trinität im Gebet und im schöpferischen Feuer des Lebens. Jedes Mal, wenn wir Differenzen, Empathielosigkeit und andere Abwehrmechanismen überwinden und stattdessen wohltuende Energien, mitreißende Grooves, authentischen und wahrhaft schönen musikalischen Ausdruck und damit verkörperte Kreativität erschaffen, sind wir Mitgestaltende an einem Stück des Himmelreichs.

Tord Gustavsen, im Juni 2023

Einstimmung Hör-Bar/eine Einladung!

Ein Kind trifft einen weisen Menschen und fragt: „Was ist Spiritualität?“

Dieser kommt sogleich ins Schwärmen. „Spiritualität ist die Ergriffenheit deiner Seele von dem, was unsichtbar deine Welt in dir und um dich zusammenhält, es ist das Bewusstsein von einer ewigen und alles verwandelnden Kraft in allem Lebendigen, es ist die Sehnsucht in dir, wenn du in den Nachthimmel schaust, oder die Wahrheit in dir, wenn du auf das Meer hörst, es ist die Hoffnung, die in dir wächst, wenn du den Frühling riechst, aber alles in allem ist es wie … der allumfassende feurige, wahrhaftige, andächtige Klang von …“ Der weise Mensch gerät in Ekstase und ringt nach Worten, das Kind schaut, langsam unruhig werdend, auf sein Handy – „Danke, Danke aber ich muss jetzt zum Schlagzeugunterricht, ich lerne gerade Jazz …“ Der weise Mensch schreit erleichtert auf und faltet die Hände dankbar – „JAZZ war das Wort, nach dem ich die ganze Zeit gesucht habe … denn Jazz befreit deine Seele, um dich wahrhaftig mit der Welt zu verbinden, Jazz ist wie …“ Das Kind hört nichts mehr, es rennt die Straße herunter, Kopfhörer auf höchste Lautstärke, ein Lachen im Gesicht: gleich kommt das Schlagzeugsolo.

Der Saxophonist Albert Ayler sagte einmal, sein Spiel sei eine Reaktion auf das, was in Amerika vor sich ging, aber er habe seinen Frieden gefunden und ihn in einen stummen Schrei verwandelt. Der Bassist Steve Tintweiss hörte Aylers Schrei während eines Konzerts der Maeght Foundation:

> Albert nahm seinen Dudelsack in die Hand und ging nach vorn auf die Bühne. Er begann sehr intensiv zu spielen, aber es kam kein Ton aus dem Dudelsack heraus. Es gab irgendein Problem, und Albert gab sich immer mehr Mühe, aber es kam überhaupt kein Ton heraus. Anstatt das zu tun, was fast jeder andere Musiker getan hätte, nämlich aufzuhören, das Instrument abzusetzen und ein anderes Horn zu nehmen oder jemand anderen ein Solo spielen zu lassen, während er versuchte, sein Instrument zu reparieren, tat Albert das nicht. Er spielte einfach weiter und stellte sich vor, wie das klingen würde, was er da gerade tat. Er wurde immer intensiver und ekstatischer, und das Publikum fing an, zu applaudieren und zu schreien und ihn anzufeuern, und es sah für mich so aus, als ob er für einige Sekunden schwebte, während er spielte. Zu diesem Zeitpunkt sah er aus, als hätte er sich in eine Art Troll oder in den mythologischen, Flöte spielenden Hirtengott Pan auf Steroiden verwandelt. Das Publikum war völlig gebannt.

Vor dem Klang, vor dem Atem, vor dem Schlagzeugwirbel ist allein die Energie schöpferischer Imagination. Im Erkaltungsprozess vom Urknall ultimativen Feuers, des All(e)s aller Zeiten, finden wir uns im Virgo Superhaufen, im Orionarm der Milchstraße, auf unserer Erde als Teil des andauernd expandierenden Universums, erleben wir Jazz und verbinden uns dabei mit dem Kosmos in uns und um uns. *Space is the place,* wie es Sun Ra uneinholbar in seinem 1974 erschienenen afrofuturistischen Gesamtkunstwerk filmisch pointiert. Spirituelle Kosmologien sind Heimatorte für die poetische Inspiration des Jazz. Jazz vertont keinen Kosmos und keine Spiritualität, er macht diese erlebbar, vom Sternenlicht in und über uns über das virtuose Schlagzeugsolo, dem dreckigen alltäglichen Blues bis zum verzweifelten Schrei über Ungerechtigkeit.

Jazz ist unordentlich, um uns den Blick auf höhere Ordnungen zu ermöglichen – vielleicht nicht auf den Kosmos, aber das, was uns belebt und Leben schenkt. In der *messiness* der Improvisation liegen messianische Qualitäten in einem Raum zwischen Wissen und Intuition und dem Wagemut eines Dialogs kultureller Traditionen und Riten. Musik kann so für die Hörenden wie ein reinigendes Feuer werden, dabei helfen, spirituelle Erfahrungen für unseren Lebensalltag zu gewinnen, wie ein Gebet oder eine Meditation wirken, oder schlichtweg erfüllen, was der Saxophonist John Coltrane als Sinn und Zweck des Musikmachens seiner letzten Lebensjahre beschrieb: *To lift people up*.

Im Jazz geht es um Leben und Tod (Nick Bärtsch), jedes Solo kann das letzte zu Spielende und zu Hörende sein, und dem ewigen berauschenden Fall in den Abgrund setzt Jazz seinen Klang *blauwärts* entgegen, Richtung Himmel, wissend um den Sog nach unten, brennend vor Lebenslust, das Ganze eine wahrhaftige kosmische Meditation über Schöpfung und Vergehen.

Ich möchte dazu einladen, Jazzschaffende zu entdecken, deren Musik durch ihre Suche nach spirituellen Erfahrungen geprägt ist, für die der Kosmos als Inspiration gerade gut genug ist, für die es in der Musik an die Substanz geht – um die spirituellen Grundlagen unseres Lebens.

Damit dies nicht klanglos hinter den Worten zurückbleibt, sondern erlebbar wird, bedarf es Euch, Hörende, die suchen, sehnsüchtig nach Ergriffenheit statt unterhaltsamer Perfektion, die in der Erde unterhalb ästhetischer Elfenbeintürme nach deren Fundament graben wollen, und die Verbundenheit in diesen Hörerfahrungen mit anderen Menschen, Zeiten und Kulturtraditionen entdecken möchten.

Die drei Hauptkapitel folgen einem losen chronologischen Blick auf die Geschichte des Jazz und ihren Verstrickungen mit Spiritualität und Religionen in 50 Hörbeispielen, die jeweils per QR-Code hörbar werden können. Weiterführende bibliografische und diskografische Verzeichnisse ergänzen im Anhang die kurzen thematischen und biografischen Reflektionen der drei Hauptkapitel.

Spiritualität in ihrer Wechselwirkung mit Jazz wird von mir dabei als Phänomen betrachtet, das einer künstlerisch artikulierten Suche nach Transzendenz folgt, die über das Individuum hinausführt und zugleich dessen musikalische Sprache aufgrund persönlicher spiritueller Erfahrungen prägt. In diesem Sinne agiert Spiritualität als Brückenmedium hin zum Ritual und den Religionen der Weltkulturen, so wie das Genre Jazz als Produkt der Begegnungen von Kulturtraditionen und ihren spirituellen und religiösen Freiräumen in den USA entstanden ist. Durch diese notwendige Engführung verbinde ich die Hoffnung, in dieser Veröffentlichung nicht nur die Jazzgeschichte aus spiritueller Perspektive zu er-hören, sondern damit auch dem diffusen Wesen von Spiritualität über den Jazz etwas näher zu kommen.

So ist dieses Buch vor allem eine Einladung zum genussreichen gemeinsamen Musikhören, live im Konzert oder zu Hause als Session im Rahmen einer *Hör-Bar* im Freundeskreis gern mit einem Austausch über das Gehörte und Erlebte. Ein paar Beispiele für dieses thematische Hören des spirituell inspirierten Jazz finden sich auch im Anhang.

Uwe Steinmetz, im Mai 2023

Auftakt

Hören als Brücke zur Spiritualiät

I wrote the shortest jazz poem ever heard,
nothin' 'bout huggin' … kissin'
… just one word.
Listen!

Jon Hendricks

Liner notes: New York, N.Y.

George Russell, DECCA, 1958

Wie alles, was sich nicht selbst genug ist, möchte Jazz sich im gemeinsamen Erleben teilend verschenken – Jazz ist eine Art des Musizierens, die ihre Vitalität aus der direkten Verbindung von Jazzschaffenden und Jazzhörenden schöpft.

Um das spirituelle Spektrum von Musik intensiv zu erleben, braucht es einen Fokus, denn wir hören Musik nicht nur mit den Ohren, sondern mit dem ganzen Körper. Musik umgibt uns heute oftmals allgegenwärtig, doch in der Regel funktionalisiert und nicht als freier Erlebnisraum, noch seltener als gemeinschaftlicher konzentrierter Genuss im Konzert. Die von 2018 bis 2021 durchgeführte Panelstudie zur Zukunft der Musiknutzung in Deutschland belegt diese Trends.

Entscheidend wird sein, inwiefern unsere Gesellschaft den Wert des Musikhörens und letztlich damit von Musik und ihren Musikschaffenden nicht durch die Nutzung und Präsenz in digitalen Portalen bemisst, sondern die – nicht in Klicks oder Eurocent messbare – positive Wirkung von Musik auf viele Bereiche des individuellen und öffentlichen Lebens neu entdeckt und damit als fundamentalen Teil unserer kulturellen

Identität begreift. Zumindest ist die Anzahl der wissenschaftlichen Studien und populärwissenschaftlichen Bücher über die heilsame Wirkung von Musik für körperliche Gesundheit, Lernprozesse und geistige Wachheit bis ins hohe Alter in den letzten Jahren deutlich angestiegen, ein paar Empfehlungen hierzu finden sich im Anhang.

Ein besonders schönes Buch über das Musikerleben ist „Deep Listening" von der amerikanischen Komponistin Pauline Oliveros. Sie gründete „Das Zentrum für Deep Listening" und beschrieb diese Qualität des Hörens als eine Art, auf jede erdenkliche Weise allem zuzuhören, was hörbar ist, egal bei welcher Tätigkeit. Dieses intensive Zuhören schließt die Klänge des täglichen Lebens, der Natur, der eigenen Vorstellung sowie musikalische Klänge mit ein.

Aber auch dem Hören von Jazz wird vermehrt Aufmerksamkeit geschenkt. Die erstmalig 2008 veröffentlichten Studien zur Gehirnaktivität in der Jazzimprovisation an der Johns Hopkins School of Medicine unter der Leitung von Charles J. Limb sorgten sogar für ein beachtliches Medien-Echo. Limbs Studien bestätigten, dass bei der Improvisation ein Dialog zwischen verschiedenen Zentren der Gehirnaktivität stattfindet, der Verbindungen zwischen der rechten und linken Gehirnhälfte entstehen lässt, die für unser nachhaltiges körperliches

Wohlbefinden bedeutsam sind. In vergleichenden Studien mit Free-Style-Rappern zeigten sich sehr ähnliche Ergebnisse in der Gehirnaktivität. Limb konnte zeigen, dass musikalische Improvisation und auch improvisierte Spoken Word Poetry neurologisch im frontalen Kortex verortet werden können.

In einem anderen Experiment untersuchten er und sein Team, dass zwei Jazzmusiker beim „vier-vier", wenn sie also in kurzen Abschnitten abwechselnd improvisieren, besonders die Hirnregionen nutzen, die im Sprachzentrum für Grammatik und Syntax wichtig sind. Dies könnte bedeuten, dass Jazzimprovisation neurologisch durchaus Ähnlichkeiten zum spontanen Geschichtenerzählen aufweist und sich damit deutlich vom Vorlesen, also der Wiedergabe eines notierten Textes unterscheidet.

Limbs weiterführende Studien belegten auch Ähnlichkeiten im Prozess des Zuhörens von Jazzimprovisationen zwischen Spielenden und Zuhörenden, sodass deutlich wurde, dass beim Publikum dieselben Hirnareale wie bei der Band auf der Bühne aktiviert werden. Ein neurologischer Beweis für den wichtigen gemeinsamen „Spirit" im Konzert, ein Gemeinschaftsgefühl zwischen Interpreten und Publikum.

Die Studienergebnisse decken sich mit Studien des Neurowissenschaftlers Andrew Newberg, der den Begriff „Neurotheologie" für sein Forschungsgebiet geprägt hat. Er konnte zeigen, dass während des Gebets und der bewussten, konzentrierten Meditation dieselben Bereiche in den Frontallappen aktiv sind wie bei der musikalischen Improvisation. Die Jazzimprovisation auf der Bühne eines Jazzclubs kann also neurologisch ähnlich wie ein Gebet oder eine Meditation wirken – für die Akteure genauso wie für die Hörenden.

Faszinierend ist es zu beobachten, wie mit den gerade in der Zeit der Corona-Pandemie exponentiell anwachsenden digitalen Erlebnismöglichkeiten von Musik besonders solche Formate an Tiefe gewinnen, in denen neue Hörtraditionen durch den technologisierten musikalischen Erlebnisraum geboren werden. Im Jazzbereich zeigt sich dies eindrucksvoll an der Idee der Studio-Live-Session, wie sie die Band *Snarky Puppy* in den letzten Jahren durch die Produktion ihres Albums *We like it here* geprägt hat. Das Album wurde an vier Abenden in den Niederlanden mit einem Studiopublikum aufgenommen und gefilmt. Die Menschen sitzen allesamt mit Kopfhörern zusammen im Live-Konzert und hören die ebenfalls Kopfhörer tragende Band und das entstehende Album in echter Studioqualität.

Warum aber die Kopfhörer? In Musikproduktionsprozessen werden die teuren Instrumente – zum Einzelpreis eines bekannten amerikanischen Elektroautos – von High-End-Mikrofonen und in akustisch perfektionierten Studioräumen aufgenommen, aufwendig gemischt und gemastert mit Abhörlautsprechern um dann am Ende auf MP3-Format komprimiert und vom Mobiltelefon oder der Boombox abgespielt zu werden. Wir stehen in der Gefahr, das Hören zu verlernen. Stattdessen spricht die Begeisterung aus den Gesichtern während der Live-Studiokonzerte von Snarky Puppy von der Ergriffenheit der Hörenden und motiviert so auf charmante, unaufdringliche Weise zum gemeinschaftlichen Hören in bester Studioqualität.

Ein zweites „analoges“ Digitalformat sind die berühmten *Tiny Desk Concerts*, eine Videoreihe von Live-Konzerten, die von NPR (*National Public Radio*) Music am Schreibtisch des

Musikjournalisten Bob Boilen in Washington, D.C., veranstaltet werden. Für ein kleines Publikum spielen neben akustischen Ensembles aus dem Popmusikbereich immer wieder Jazzensembles. Das überwiegend akustische Konzertformat schließt an die *Unplugged*-Tradition der 1990er-Jahre in der Popmusik an und verblüfft immer wieder durch die hohe musikalische und akustische Qualität der zwischen Büromobiliar drapierten Bands. Die Reihe wurde ins Leben gerufen, nachdem Bob Boilen und der NPR-Musikredakteur Stephen Thompson frustriert ein Musikfestival verließen, weil sie die Band wegen des Lärms im Publikum nicht hören konnten. Thompson scherzte mit seinem Kollegen, dass die Bands künftig einfach direkt neben Boilens Schreibtisch auftreten sollten, um sie so am besten hören zu können.

Zum jetzigen Zeitpunkt kann die Reihe über 800 Konzerte und mehr als 2 Milliarden Youtube-Klicks vorweisen. Obwohl die Zuhörenden in der Regel nicht abgebildet werden, ist die intime Atmosphäre gerade angesichts der eigentlich paradox wirkenden Auftrittssituation intensiv spürbar. Das Fehlen der Bühne macht deutlich, das qualitativ gute Musik keine Show und keinerlei Inszenierung bedarf, um ihre Wirkmächtigkeit für die Hörenden zu entfalten.

Insofern sind beide Beispiele eine Entzauberung der üblichen Auftrittssituationen: Bei *Snarky Puppy* wird das „Studiogeheimnis" gelüftet durch die Beteiligung der am Live-Mitschnitt via Kopfhörer beteiligten Hörenden; bei den *Tiny Desk Concerts* entfällt die traditionelle Bühne und manche technische Finesse oder instrumentale Erweiterung schon aus Platzgründen. Die große Popularität dieser zunächst reduziert erscheinenden Konzertformate zeigt, dass kreative digitale

Angebote innovative Potenziale entwickeln, die in der Folge zu intensiven „analogen“ Formen des Musikhörens inspirieren können. Der Erfolg dieser beiden Formate beweist die ungebrochene Attraktivität von Jazz als handgemachte Livemusik ebenso wie die fluide und dialogische Qualität von Jazz, sich hier auf organische Art mit dem digitalen Raum synergetisch zu verbinden.

So individuell Wege des Musikhörens für uns sind, analog, digital, hybrid, so können wir als Jazzhörende doch viele parallele und kreuzende Klangpfade anderer Hörenden erkennen, da Jazz nie alleine stattfindet, nie ohne eine Hörgemeinschaft. Dies ist ein Geschenk der Musik an uns als Hörende auf dem Weg, auf dem wir lauschend am Wegesrand jederzeit innehalten können, hoffend auf tiefste Erfahrungen – und das ist Spiritualität mitten in unserem Leben.

Mit anderen Menschen solche Wege des Hörens gemeinsam zu gehen, gehört für mich zum Schönsten – vertikal, durch die Jahrhunderte von den Quellen des Jazz, und horizontal in der Gegenwart mit denen, die wir auf der Bühne erleben und die mit uns gemeinsam Musik hören. Wer so Musik hört, jenseits von der Hoffnung auf die Erfüllung fester Hörerwartungen und Klischees, der öffnet sich für eine wichtige Botschaft des Jazz: Liebe zur Innovation. Jazz ist wenig Nostalgie und viel Wagemut, ins Ungewisse aufzubrechen; sich des eigenen mangelhaften Reisegepäcks durchaus bewusst, aber mit einer reichhaltigen Tradition, einem großen Klang als Rückenwind und mit Lust auf das Kennenlernen anderer Töne und Kulturen.

Alle Begegnungen zwischen Jazz und Spiritualität der folgenden drei Kapitel beschreiben Musikerinnen und Musiker, die von diesem Wagemut ergriffen wurden und die eigene Musiktradition durch ihre spirituellen Erfahrungen transformiert haben. Diese individuelle kulturerschaffende Qualität des spirituell motivierten und spirituell inspirierenden Jazz ist ein Phänomen, das global und lokal von unschätzbaren Wert ist, nicht zuletzt in einer Zeit, in der die Einzigartigkeit eines Menschen und menschlicher Erfahrungen und Ideen durch technologische Innovationen in Frage gestellt werden.

Droning a drowsy syncopated tune,
Rocking back and forth to a mellow croon,
I heard a Negro play.
Down on Lenox Avenue the other night
By the pale dull pallor of an old gas light
He did a lazy sway . . .
He did a lazy sway . . .
To the tune o' those Weary Blues.
With his ebony hands on each ivory key
He made that poor piano moan with melody.
O Blues!
Swaying to and fro on his rickety stool
He played that sad raggy tune like a musical fool.
Sweet Blues!
Coming from a black man's soul.
O Blues!
In a deep song voice with a melancholy tone
I heard that Negro sing, that old piano moan—
"Ain't got nobody in all this world,
Ain't got nobody but ma self.
I's gwine to quit ma frownin'
And put ma troubles on the shelf."

Thump, thump, thump, went his foot on the floor.
He played a few chords then he sang some more—
"I got the Weary Blues
And I can't be satisfied.
Got the Weary Blues
And can't be satisfied—
I ain't happy no mo'

And I wish that I had died."
And far into the night he crooned that tune.
The stars went out and so did the moon.
The singer stopped playing and went to bed
While the Weary Blues echoed through his head.
He slept like a rock or a man that's dead.

Das 1925 preisgekrönte Gedicht „The Weary Blues", das den großen Dichter der Harlem Renaissance, Langston Hughes, als poetische Stimme des *Jazz Age* berühmt machte, reflektiert den immensen Schmerz, der sich hinter der Schönheit und emotionalen Tiefe der afroamerikanischen Musikgenres verbirgt, die heute als Blues, Spiritual, Gospel und Jazz bezeichnet werden.

Diese Genres, die weiterhin viele Formen populärer Musik in den USA prägen, entstanden aus der Verschmelzung von musikkulturellen Traditionen der über 12 Millionen verschleppten westafrikanischen Sklaven mit denen der europäischen Siedler seit Beginn des 16. Jahrhunderts in Nord-, Mittel- und Südamerika.

Die meisten der Sklaven kamen aus drei großen Regionen Westafrikas mit reichen eigenen Musiktraditionen: dem islamischen Kulturkreis der Savanne von Guinea bis zur Senegalesischen Küste, dessen charakteristisch komplexe Gesänge überwiegend mit Saiteninstrumenten begleitet wurden; Angola und dem Kongo, in denen eine mehrstimmige Vokalmusik vorherrschte; und den Regenwaldgebieten der Westküste mit ihren großen Percussion-Ensembles und vielschichtigen polyrhythmischen Strukturen.

Die versklavten Menschen führten die Bewahrung der Bräuche zu Ehren ihrer Vorfahren weiter und hielten die überlieferten Riten und Kosmologien Afrikas durch Heilkünste, Musik und Tanz lebendig. Kulturtraditionen verschwinden nicht durch den Raub der Heimat und der Freiheit. Trotz der großen Diversität dieser Gruppen gab es eine kulturelle und religiöse Gemeinsamkeit zwischen den polytheistischen Religionen und den islamisch und christlich geprägten: Sie glaubten alle an einen obersten Schöpfer, zu dem sie beteten und dem sie Opfer brachten.

Mit der Vermischung der musikalischen Stile der verschiedenen Ursprungsregionen der versklavten Menschen verbanden sich zugleich kulturelle und religiöse Traditionen auf neue Weise. Besonders durch die Musik entstanden eigenständige spirituell-rituelle Räume, die sich deutlich von der christlich-europäischen Tradition der Siedlerkirchen abgrenzte. Die Musik wurde für die versklavten Menschen ein Raum der spirituellen Freiheit und der Verbundenheit mit der verlorenen Heimat.

Ring Shouts und *Circle Songs* (Kreistänze) aus den afroamerikanischen religiösen Ritualen des 17. bis 19. Jahrhunderts können als archetypisches Organisationsprinzip betrachtet werden, das bis heute noch im Jazz Relevanz hat und einen gemeinschaftlichen Raum der Spielenden und Hörenden schafft. Die versammelte Gemeinde tanzt im Kreis, klatscht oder benutzt Schlagstöcke, um gemeinsam einen Rhythmus zu bilden, der als Grundlage für den Solisten in der Mitte des Kreises dient. Dieser trägt rhythmisch eine Interpretation einer Geschichte, oftmals auch biblischen Ursprungs vor, im Gestus nicht unähnlich dem modernen Rap. Der Solist ist jederzeit austauschbar und zeigt auf eine andere Person im Kreis, die dann in die Mitte geht und die Geschichte weitererzählt. Die Feldaufnahme des Ring Shouts „Old Jeremiah" der Musikethnologen John und Alan Lomax, die für die *Library of Congress* entstand, belegt eindrucksvoll, wie stark die Rhythmen und Melodien der Gesänge Ähnlichkeiten mit den Aufnahmen aus der Blütezeit des Swing von Musikern wie Cab Calloway, Jon Hendricks, Chick Webb oder Gene Krupa aufweisen.

Ring Shout
Old Jeremiah

Bezeichnend erscheint mir, dass wie bei einer Jam-Session im Jazz die Rollen der Solisten wechseln können. Alle Beteiligten sind gleichzeitig Hörende und musizierendes Kollektiv. Tänze und die gemeinsam geschaffenen Rhythmen hängen von den Fähigkeiten und der Kreativität jedes Teilnehmenden ab und entstehen spontan, unerprobt und ohne Choreographie. Das Kollektiv musiziert nicht nach Dirigat, sondern durch Zuhören und Reagieren.

Eine andere archetypische Musikform, der *Work Song*, verdeutlicht einen weiteren wichtigen Aspekt des Jazz: Der Rhythmus von Worksongs wie bei der Feldaufnahme von „Long John", das von einem Mann namens „Lightning" und einer Gruppe seiner schwarzen Mitgefangenen auf der Darrington State Prison Farm in Texas 1934 gesungen wurde, strukturiert das Tempo der kollektiven Arbeit. „Long John" vermischt religiöse und weltliche Anliegen, darunter auch die Vorstellung einer erfolgreichen Flucht aus der Gefangenschaft. Der Vorsänger singt die Strophen, die Gruppe antwortet im *Call-and-response*-Prinzip mit einem Refrain. Daraus ergibt sich ein körperlich spürbares Hin- und Herschwingen, ein Ausholen, Zuschlagen, Ausruhen.

Worksong: Long John

Im gemeinschaftlichen Akt des *call and response* liegt auch ein vertrauens- und gemeinschaftsstiftendes Element; Fragen und Antworten schwingen hin und her, die Frage impliziert bereits ihre eigene Antwort und daraus die nächste Frage. In der Jazzimprovisation entfaltet sich dieses Element in ähnlicher Weise: Der Solist lotet aus, inwieweit seine musikalischen Impulse die Band zu neuen Ideen herausfordern, aber eine völlige Entfremdung durch unbeantwortbare Fragen oder ein Rhythmus, der nicht mit der Gruppe harmonisiert, kommen nicht vor, da dies dem Wesen und der Logik dieser musikalischen Praxis widersprechen und den partizipativen Prozess gefährden würde.

Das Ende des amerikanischen Bürgerkrieges 1865 und die damit einhergehende Abschaffung der Sklaverei eröffnete für die 4,6 Millionen Afroamerikaner, die zu diesem Zeitpunkt etwa 13% der Gesamtbevölkerung der USA ausmachten, die Chance, die bisher oftmals im Geheimen entwickelten Musik- und spirituellen Kulturtraditionen öffentlich weiter zu entwickeln. In wenigen Jahrzehnten verbreiten sich nun neue musikalische Genres überregional und verändern die musikalische Landschaft der USA und die globale Musikwelt grundlegend.

In Berichten von weißen Soldaten aus dem Bürgerkrieg finden sich Beobachtungen, dass afroamerikanische Soldaten andere Lieder über den Krieg sangen als sie. Darin fanden sich immer wieder bestimmte dissonante Töne integriert. Die Gesänge erinnerten an *Field Holler,* die sie vormals als Sklaven während der Zwangsarbeit in den Plantagen gesungen hatten.

Die nach dem Bürgerkrieg im Mississippi-Delta entstehende Musik, der Mississippi-Blues, symbolisiert die Überwindung der Sklaverei und des Krieges. Er verband die Polyrhythmen und offene Tonalität der afroamerikanischen Kulturen mit den volkstümlichen Traditionen und Instrumenten der vorwiegend weißen Musik. Der Blues, der oftmals solistisch mit Gitarrenbegleitung vorgetragen wurde, war eine umfassende Kombination aus allen amerikanischen Kulturtraditionen im Aufbruch zu einer neuen Ära des Zusammenlebens. Schon Anfang des 19. Jahrhunderts wurde die Musik im gesamten Süden, von Virginia bis Texas, immer bekannter.

Vom musikwissenschaftlichen Standpunkt aus betrachtet, umschwebt ein bluesiger Klang die 12 Töne der temperierten Stimmung. Es gibt eine bewusste Ungenauigkeit im Klang des Blues, eine Bewegung hin und weg zu den eigentlichen Zieltönen. Der angezerrte Klang eine Gitarre, die Verwendung von Flaschenhälsen und Messern zum Spielen der Gitarre, das große Vibrato auf wichtigen Tönen dienen dazu, diesen expressiven Freiraum jenseits des etablierten Europäischen Klangspektrums zu erweitern und sinnlich erlebbar zu machen. Die Aufnahmen des legendären Gitarristen Tommy Johnson, der angeblich seine Seele an den Teufel verkaufte, um derartig virtuos Gitarre zu spielen, zeigen dies beispielhaft in seinem „Canned Heat Blues“. Seine Gitarre imitiert, ja verschmilzt mit seinem klagenden Gesang; die Akkorde werden gebeugt, gedehnt und auch seine

Tommy Johnson
Canned Heat Blues

Stimme bricht und überschlägt in einem traurigen Jodler an einigen Stellen. Johnson war zudem bekannt dafür, die Gitarre so umzustimmen, dass er besondere klangliche Effekte erzielen konnte, die sonst unspielbar waren. Äußerste instrumentale Expressivität also, um der Stimme nahe zu sein – dies schaffte einen ästhetischen Freiraum jenseits der gängigen europäischen und amerikanischen Gitarrenspieltraditionen zu seiner Zeit.

In den Texten des Blues stehen die Herausforderungen und Konflikte des alltäglichen Lebens im Zentrum. Blues beginnt mit einer Krise, der Singende stürzt sich in diese hinein und bezieht damit uns als Zuhörende in diese existenzielle und zugleich sinnsuchende Klage über die Widrigkeiten des Alltags mit ein. Repetition ist Strukturmerkmal, die Krise wird benannt, mehrmals, ob mit Tonika oder Subdominante gefärbt, sie bleibt. Der Blues ist eine transzendente Haltung mitten in der Akzeptanz des chaotischen, dreckigen Alltags, aber keine schicksalhafte Unterwerfung unter dessen Prinzipien. Blues hilft, die Realität zu akzeptieren, sie zu transformieren, ohne uns auszuliefern. Ein Fazit am Ende der Strophenform führt nicht aus dem Blues hinaus, sondern weiter und tiefer, aber mit Blick in den Himmel. Blues ist zirkulär, wie ein Kokon, einhüllend, ein klingender Mantel, der mit würdevoller Erkenntnis getragen wird, dass alle Menschen Krisen erfahren, dass alle Menschen auch Krisen verursachen, Fehler machen und ertragen, und damit: andere und deren Fehler ertragen. Blues ist eine zutiefst soziale, eine humane Musik mit Humor und Größe, sich selbst nicht zu ernst zu nehmen. Das ist mehr Weisheit und klangvolle Bejahung von Spiritualität, als es in manchen religiösen Feiern anklingt.

Hey people, listen while I spread my news
Hey people, listen while I spread my news
I wanna tell you people all about my bad luck blues

Did you ever wake up just at the break of day?
Did you ever break up just at the wake of day?
With your arms around the pillow where your daddy
used to lay?

Lord, look where the sun done gone
Lord, Lord, look where the sun done gone
Hey Lord, there's something going all wrong

What's the use of livin', you can't get the man you love
The use of livin', you can't get the man you love
You might as well just die, give your soul to the Maker above

Ma Rainey, 1923

Die religiösen Dimensionen der Krisensituationen des Menschen, in aller Regel verbunden mit der Hoffnung auf eine Erlösung aus den andauernden Konflikten, machen das Wesen der Spirituals aus. Sie beginnen wie der Blues mit einer Klage, aber erheben schon dabei den Blick in den Himmel. Spirituals erzählen von Erfahrungen mit einem christlichen Gott: *Every Time I Feel the Spirit,* und sie klagen *Sometimes I Feel Like a Motherless Child* oder *Nobody Knows the Trouble I've Seen*. Die Hoffnung der Spiritual-Texte gründen sich auf dem Fundament biblischer Erzählungen: *Go Down Moses*; *Freedom, Oh Freedom.* Sie stehen in der Tradition der Psalmen, die einen intimen vielschichtigen Dialog mit Gott darstellen.

Vermutlich können die Erweckungsbewegungen zu Beginn des 18. Jahrhunderts als Multiplikator für das Entstehen und die überregionale Verbreitung von Spirituals angesehen werden. Die schriftlich belegbare Geschichte der Spirituals beginnt mit der Gründung der ersten afroamerikanischen Kirche, der African Methodist Episcopalian (A.M.E.) Church in Philadelphia im Jahr 1797 durch Reverend Richard Allen. Im Jahr 1801 veröffentlichte Allen ein erstes Gesangbuch, das sowohl Variationen von traditionellen christlichen Hymnen enthielt als auch neue Kompositionen, die den heutigen Spirituals ähneln. Diese waren sowohl von den Melodien europäischer, vermutlich oftmals gälischer Folklore, als auch von den Traditionen westafrikanischer Musik, aus den Herkunftsländern der versklavten Menschen, beeinflusst.

Die erste und bis heute ständig nachgedruckte Spiritual-Sammlung „Slave Songs of the United States“ von 1867 mit 136 Melodien zeigt den Reichtum dieser neuen eigenständigen Musiktradition in detaillierter Notation von Melodien, rhythmischen Begleitmöglichkeiten und einer umfangreichen Einleitung zum Hintergrund des Kuratierungsprozesses. Das Buch wurde von drei überzeugten Gegnern der Sklaverei, William Francis Allen, Lucy McKim Garrison und Charles Pickard herausgegeben, die die Lieder der Gullah Geechee Sklaven auf Saint Helena Island (South Carolina) während des Bürgerkrieges erforschten und transkribierten. Es ist die erste Edition afroamerikanischer Musik und die bedeutendste Spiritual-Sammlung bis heute.

Einen Einblick in die Gesangskultur von Spirituals bieten die begleitenden Notizen zu den Feldaufnahmen für die *Library of Congress* von John und Alan Lomax. Hier ein kurzer Auszug als Kommentar zu der Aufnahme des Spirituals „Trouble So Hard“ in Übersetzung des Autors:

> Jeder, der eine ländliche schwarze Kirche besucht hat, in der die Gemeinde aus dem Herzen singt und nicht aus Liederbüchern, kann nicht umhin, von dem Feuer, der feierlichen Würde und der großen Einfachheit der Spirituals berührt zu sein. Einer der Ältesten der Gemeinde, ein alter Mann oder eine alte Frau, deren lange Erfahrung in der Gemeinde dazu befähigt, das Lied genau auf das Tempo der Versammlung abzustimmen, beginnt langsam. Die Gemeinde antwortet mit einem leisen Refrain. Der oder die Vorsingende singt die Zeile erneut, diesmal kräftiger. Dieses Mal ist die Reaktion stärker. Am Ende des ersten oder zweiten Refrains hat das Spiritual alle Stimmen der Gemeinde zu einem anschwellenden und bewegenden Chor versammelt. Die Singenden übernehmen ihren eigenen Part, vom schrillsten Falsett bis zum tiefsten Bass, und improvisieren darin. Während die Lieder fortschreiten, manchmal stundenlang, verbindet sich der wallende Gesang mit dem Rhythmus der Hände und Füße der Singenden zum Donner eines Schlagzeugchores; das Tempo steigert sich langsam und unaufhaltsam, bis sich die ganze Gemeinde vor Ekstase wiegt. Die Luft wird von schrillen Schreien und heiseren Ausrufen derjenigen Gemeindemitglieder durchbrochen, die vom Geist besessen wurden oder, wie sie es ausdrücken, „glücklich geworden sind“. Die Besessenen springen und werfen ihre Arme in hysterischen Krämpfen umher; manchmal rollen sie sich auf dem Boden oder laufen über die Hühnerställe; gelegentlich liegen sie auf dem Boden in einem tranceartigen Zustand.

Dock Reed
Trouble so Hard

Fisk Jubilee Singers
Swing Low

Paul Robeson
Sometimes I feel

Marian Anderson
Deep River

Nach dem Ende des Bürgerkriegs, in dessen Folge neue schwarze Kirchen in den Südstaaten entstanden, verhalfen die Fisk Jubilee Singers und die Sänger Paul Robeson und Marian Anderson, die häufig solistisch in klassischen Konzertsälen auch vor weißem Publikum auftraten, den Spirituals rasch zu internationaler Anerkennung. Ob in Chören oder als Sologesang, Spirituals wurden ein afroamerikanisches Pendant zum religiösen europäischen Kunstlied, dem geistlichen Lied im ausgehenden 19. Jahrhundert, wie die frühen Aufnahmen der Spirituals eindrücklich zu Gehör bringen.

Mit der Gründung der ersten unabhängigen afroamerikanischen Kirchen entstand neben den eher konzertant aufgeführten Spirituals als gottesdienstliche Musik der Gospel als neues afroamerikanisches Genre. Gospelhymnen strukturieren die Liturgie des Gottesdienstes und wurden traditionell in Form von Singrufen gesungen, die ein Kantor anführt. Der Chor und die Gemeinde antworten improvisatorisch, sie bekräftigen und kommentieren die biblischen Worte und Interpretationen des Predigers und schaffen so eine intensive gemeinschaftliche Erfahrung.

Die ersten Gospels entstehen mit der steigenden Bekanntschaft der Spirituals in den schnell wachsenden Kirchen. Der Theologe und Komponist Charles A. Tindley ist einer der ersten publizierten Gospelkomponisten. Als Sohn eines Sklaven erlebte er als Kind den Bürgerkrieg und komponierte unter anderem 1901 „I'll Overcome Someday", die Grundlage des Liedes „We Shall Overcome", das zu einer Hymne der amerikanischen Bürgerrechtsbewegung und der Leipziger

Montagsdemonstrationen während der Friedlichen Revolution wurde.

Nationale Berühmtheit erreichte die neue afroamerikanische Kirchenmusik durch Thomas A. Dorsey, der in den 1920er-Jahren als Bluesmusiker arbeitete, aber zugleich nach einem Erweckungserlebnis religiöse Lieder für baptistische Kirchen komponierte. Aufgrund seiner Blues-Karriere begegnete ihm allerdings viel Skepsis und Ablehnung in kirchlichen Kreisen. Seine Kompositionen wurden als „Teufelsmusik“ abgelehnt, und er wurde, wie er rückblickend humorvoll schreiben konnte, „aus vielen der besten Kirchen des Landes hinausgeschmissen“.

Dorsey hatte unter dem Künstlernamen „Georgia Tom“ Mitte der 1920er-Jahre seinen ersten großen Durchbruch, als er fester Pianist bei *Ma Gertrude Rainey and Her Wild Cats Jazz Band* wurde. Ma Rainey war eine Meisterin des „Downhome“- oder „Moanin“-Blues. Das traditionelle Element des Call-and-response aus den Worksongs und Ring Shouts wurde im Blues instrumental mit einbezogen, wie schon auf der ersten Aufnahme Raineys des „Bad Luck Blues“ von 1923 mit der Pianistin Lovie Austin und dem Trompeter Tommy Landrie zu hören ist. Landrie beantwortet und verstärkt die Wirkung von Raineys Gesang und übernimmt in der Bluesband die Rolle der Gitarre als solistisches Begleitinstrument mit hoher Virtuosität und expressivem Klang. In Konzerten soll es dann Ma Rainey regelmäßig gelungen sein, ihr Publikum mit in diesen Dialog einzubeziehen, es seufzte, wippte und stöhnte mit ihr. Ein Blueskonzert mit der *Wild Cats Jazz Band* erlaubte so gemeinschaftliches Klagen und Trauer über die eigenen Fehler,

Ma Rainey
Bad Luck Blues

es bot kathartische Momente, die die Hörenden mit ihrem Lebensalltag versöhnen konnte.

Diese spirituelle Wirkung des Blues bewegte Dorsey als religiösen Menschen tief, und er begann, seine neue geistliche Musik auf der Grundlage des weltlichen Blues zu gestalten. Seine bluesigen Gospelsongs enthielten synkopierte Noten in überwiegend achttaktigen Bluesformen; doch anstelle von typischen Themen des Blues wie der Trotz im Angesicht der Verzweiflung erzählten seine Texte Geschichten der Hoffnung und der Bejahung des Lebens inmitten von Krisen. Dorsey beschrieb sie als „gute Nachrichten für beide Seiten“, der spirituellen Welt wie dem Alltag.

Die Begeisterung, die Dorseys Lieder mit seiner expressiven Klavierbegleitung – manchmal riss es ihn bei besonders bewegten Passagen sprichwörtlich vom Klavierhocker und er spielte halb im Stehen – und der tiefen Emotionalität des Blues in Gemeinden und Chören entfachte, führte schließlich zu einer Anstellung an der bedeutenden Pilgrim Baptist Church in Chicago, in der er über vier Jahrzehnte tätig war. Dies ermöglichte es ihm, sich ganz auf das Komponieren und die nationale Förderung der neuen Gospelmusik zu konzentrieren.

Dabei wurde er zu einem wichtigen Brückenbauer zwischen der Kirchenmusik und der Populären Musik, da er in seinen Gottesdiensten neben dem Chor auch Blues- und Jazzsängerinnen wie Della Reese und Mahalia Jackson zu Auftritten einlud. Mahalia Jackson wurde für viele Jahrzehnte die Stimme des schwarzen Gospels in den USA. Eine der bekanntesten Kompositionen Dorseys, „Take My Hand Precious Lord“, entstand

Thomas Dorsey
Take My Hand

nach dem unerwarteten Tod seiner Frau bei der Geburt seines Sohnes, der am nächsten Tag ebenfalls verstarb. Das Lied galt als Lieblingsgospel von Dr. Martin Luther King Jr. und wurde oftmals von Mahalia Jackson bei Civil Rights Rallies gesungen. Ob bewusst oder unbewusst, Jackson und Dorsey wurden durch ihre Gospels zu weltweiten Botschaftern einer ganzheitlichen afrikanischen Kulturtradition, in der alles Spirituelle in den Alltag gehört und alles Alltägliche zugleich heilig sein kann, tatsächlich *good news for both sides*.

The music
from the trumpet at his lips
is honey
mixed with liquid fire
the rhythm
from the trumpet at his lips
is ecstasy
distilled from old desire –

Langston Hughes, Auszug aus „Trumpet Player", 1947

Jazz wurde zu Beginn des 20. Jahrhunderts in den Straßen und Parks der afroamerikanischen Gemeinde von New Orleans im Süden des Mississippi-Deltas geboren. New Orleans war seit Jahrhunderten ein besonderer kultureller Schmelztiegel, der von den *Native Americans* als „Bulbancha – Ort der vielen Sprachen" bezeichnet wurde. Bauern mit französischen Wurzeln, die aus dem heutigen Kanada Mitte des 18. Jahrhundert vertrieben wurden, die „Cajuns", fanden eine neue Heimat in Louisiana, mit den dortigen *Native Americans*, afroamerikanischen Sklaven, spanischen, französischen und sizilianischen Kolonialisten und Siedlern mit karibischen und lateinamerikanischen Wurzeln. Die daraus entstandenen lokalen Sprachen, das *Louisiana French* und *Creole,* sind heute noch lebendige Belege dieser kulturellen Berührungen und Verschmelzungen; der Jazz und der Blues sind ihre klangvollen musikalischen Zeugnisse.

Jazz entstand nicht in Bars, sondern wurde *open air* gespielt. Er verband Blues und Ragtime in einem neuen Ensembleformat in Anlehnung an die Militärorchester und Brassbands. Die Musik erklang bei allen gesellschaftlichen Anlässen wie Hochzeiten, Beerdigungen, Partys, Geburten, Paraden und Picknicks. Ein zentraler Spielort für diese neue Musik wurde am Ende des 19. Jahrhunderts der seit Jahrhunderten für Festivitäten der versklavten Menschen bedeutsame Marktplatz *Congo Square* in New Orleans. Der virtuose Kornettist Buddy Bolden, von dem leider keine Tonaufnahmen überliefert sind, machte diese neue Musik zu Beginn des 20. Jahrhunderts als erster überregional bekannt.

Im Gegensatz zu Gospel, Blues und den Spirituals waren die soziokulturellen Sphären und ihre religiösen Verortungen im Jazz allerdings getrennt. Jon Michael Spencer, einer der wichtigsten Forscher und Theoretiker der afroamerikanischen Musikhistorie, zeigt in seinem 1990 erschienen Buch „Protest and Praise“ anhand biografischer Anekdoten, dass sich der Jazz in den 1920er- und 1930er-Jahren als urbane, säkulare Musik und durch die Konzentration auf instrumentale Virtuosität schon in den ersten Jahrzehnten seiner Entstehung am weitesten von der traditionellen afroamerikanischen Kultur entfernte.

Die Verortung des Jazz durch Langston Hughes als rein afroamerikanische Musikform mit afrikanischen Wurzeln stilisierte Jazz zudem als eine Musik des gesellschaftlichen Wandels und der Traditionsabbrüche. Hughes großartige poetische Würdigung des Schwarzen Jazz und Blues versah die Musik mit einer politischen Konnotation, die auch innerhalb der afroamerikanischen Gemeinschaft polarisierte, anstatt eine breite Anerkennung der neuen ästhetischen Freiräume zu fördern.

42 Freiräume des Jazz in afroamerikanischer Tradition entstanden hingegen in den 1920er-Jahren besonders durch die starke Resonanz der ersten Tourneen von schwarzen Big Bands in Europa. Das Sam Wooding Orchestra, die als erste Big Band 1925 Europa und Russland bereisten, feierten große Erfolge mit ihrer Harlem Revue „*Chocolate Kiddies*" im Berliner Admiralspalast. Ihr Erfolg ebnete den Weg für die Tänzerin Josephine Baker und unzählige andere Künstler in den Folgejahren. Vor Wooding gab es schon einige andere Jazz-Ensembles und Solisten wie Sidney Bechet (1919), die Europa besuchten, aber Woodings mehrjährig in Europa und Russland reisendes Ensemble bot im Vergleich zu „Repertoire-Orchestern", die durchkomponierte Arrangements spielten, dem europäischen Publikum eine neue, aktuelle Seite des amerikanischen Jazz dar. Er bereicherte die Revue-Musik mit zahlreichen eigenen Arrangements, indem er auch Anleihen an zeitgenössische Volks- und Kunstmusik unter anderem aus der Musik Richard Wagners nahm, und expressionistisch mit den später durch Ellington berühmt gewordenen *Jungle-Sounds,* zum Beispiel gedämpfte und durch Mitsingen verzerrte Klänge bei den Blech- und Holzbläsern, experimentierte. Auf den ersten Aufnahmen des Orchesters 1952 aus Berlin ist trotz kompositorisch fast kurios überladenen Arrangements

wie „Shanghai Shuffle“ viel von der Intensität der Live-Konzerte zu spüren, durch die exzellenten Solisten, unter anderem den virtuosen Trompeter und Kornettist Tommy Landrie, der auch bei Ma Raineys erster Aufnahme mitwirkte.

Sam Wooding
Shanghai Shuffle

Als die Band nach zwei Jahren zurück in die USA kam, wurde ihr ein Engagement im später legendären Cotton Club in Harlem angeboten. Woodings Musiker lehnten dies allerdings geschlossen ab, die Gagen waren ihnen zu niedrig. Die Band ging anschließend wieder auf eine diesmal fast dreijährige Tournee mit deutlich besser bezahlten Konzerten als in New York. Die Harlemer Offerte ging an einen Freund Woodings, dem damals noch unbekannten Duke Ellington, der hier den entscheidenden Grundstein für seine Karriere legte und dann 1933 ebenfalls das erste Mal mit seiner Big Band England, Frankreich und die Niederlande bereiste.

Obwohl Sam Wooding in seinem Heimatland keine große Karriere machen konnte, beeinflusste er doch nachhaltig die Jazzwelt durch seine Europatourneen. Alfred Löw, ein damals siebzehnjähriger Berliner, hörte Woodings Band 1925 im Admiralspalast und war von der Intensität von Woodings Band „komplett umgehauen“. Er bereiste New York ein Jahr später, um den in Berlin erlebten Jazz live in Harlem zu hören. 1936 übersiedelte er dann als deutscher Jude unter dem Namen Alfred Lion permanent ins New Yorker Exil und gründete 1939 zusammen mit Max Margulis *Blue Note Records*, bis heute eines der wichtigsten Plattenlabel der Jazzgeschichte. Bezeichnenderweise waren Lion und sein späterer Verlagspartner Francis Wolff nicht zuletzt dafür verantwortlich, Aufnahmen von Woodings Big Band in Berlin in den 1940er-Jahren einem amerikanischen Publikum bekannt zu machen; zu einem Zeitpunkt, als dieser, in der Jazzwelt der USA weitgehend unbekannt, einem Musiklehrerberuf nachging.

Das umwerfende, reinigende, kathartische, ekstatische Feuer des Hot Jazz der späten 1920er-Jahre, in dem noch der Schmerz der Ahnengenerationen loderte, gewann in der Swing-Ära der 1930er-Jahre einen neuen goldenen und weitreichenden Schimmer. Anklänge an Blues und die Nähe zu religiösen existenziellen Themen wurden zu Untertönen einer neuen tanzbaren Musik, die Menschen vieler Kulturen in Nordamerika und Europa durch die Jahre der Weltwirtschaftskrise („The Great Depression") und über sie hinaus ansteckte. Selbst im Dritten Reich konnte die Begeisterung für den Swing nicht ganz erstickt werden; Profi- und Amateurensembles, Swing-Fans und Plattensammler bildeten eine lebendige Jazzszene im Untergrund.

Besonders eindrücklich für diese frühe Jazzbegeisterung in Deutschland ist das Leben der Berliner Swing-Legende Coco Schumann (1924–2018), der – inspiriert von einer Aufnahme Ella Fitzgeralds – als Dreizehnjähriger beschloss, Jazzgitarre zu lernen. Wegen seiner jüdischen Herkunft mütterlicherseits wurde er 1943 ins KZ Theresienstadt und ein Jahr später ins Vernichtungslager Auschwitz deportiert. Aber der Jazz rettete ihm das Leben. Als Gitarrist spielte er Lieder wie „Bei mir bist Du schön" in den Lagercombos für die exzessiven Partys der SS-Wachmannschaften und überlebte den Todesmarsch von Auschwitz nach Westen kurz vor Kriegsende. Pointiert beschreibt Schumann in seinen Lebenserinnerungen „Der Ghetto-Swinger" die kathartische Kraft des Jazz in Auschwitz, die den

Coco Schumann
Bei mir bist du

Inhaftierten Trost spendete, und die abgehärteten SS-Kommandeure, die Schwerverbrecher, wie Schumann sie nannte, beim Hören der Musik wie Babys zum Weinen brachte.

Schmerz, Katharsis, Ekstase. Es geht um alles im noch jungen Jazz dieser Jahre, und Blues, Spirituals und Gospels bilden sein Rückgrat und eine klingende Lebenslinie, die spirituelle Hörerlebnisse durch ihre individuellen Klangräume ermöglichten. Die *Blue Notes* im Jazz, wie der zu tief ange- setzte Trompetenton oder die *Jungle Sounds* des Sam Wooding Orchestra oder die Tonalität und Harmonik von St. James Infirmary in der Fassung von Louis Armstrong, die an Spirituals erinnern, sind keine bloßen Klangeffekte und Stilmittel, sie sind emotionale und spirituelle Türenöffner hinein in die Geschichte afroamerikanischer Kulturtraditionen.

Louis Armstrong
St. James Infirmary

Für Louis Armstrong, einer der innovativsten amerikanischen Musiker des 20. Jahrhunderts, war diese ganzheitliche Auffassung von Jazz besonders wichtig. In einem Brief an einen Fan aus dem Jahr 1967 schreibt er: „Musik ist das Leben selbst. Was wäre diese Welt ohne ‚gute Musik'? Ganz gleich, welcher Art sie ist. Es kommt alles von den alten heiligen Kirchen." Musik und Religion sind organisch verbunden und hatten ihren festen Sitz im Leben für Armstrong, was ihm eine besondere Leichtigkeit verlieh, beide zu verbinden. Dies wird hörbar: In seinen Versionen des alten Englischen Volksliedes *St. James Infirmary* wird der tiefe Schmerz über den Tod seiner Geliebten, die er in der Leichenhalle des Krankenhauses beweint, zu einem Ringen mit Gott. Zugleich klingt die Auferstehungshoffnung für ihn als Christen an, wenn er am Ende des Liedes vom Schmerz des Verlustes zu fast aufgeräumten und selbstironischen Gedanken über seine eigene Beerdigung gelangt und uns als Hörende durch seine Stimme vom brennenden Schmerz zum Licht des Lebens durch seine Stimme geleitet.

Armstrong ging aber konzeptionell noch einen Schritt weiter, ein oft übersehener Beweis seines mutigen Pioniergeistes: Zwischen 1930 und 1941 produzierte er eine Reihe von Spirituals und Originalkompositionen, die auf biblischen Texten basieren. In seiner Komposition *Cain and Abel*, einem ausgedehnten Blues mit reichhaltigen und unerwarteten Modulationen, erzählt Armstrong zunächst in rezitativischer Form die biblische Geschichte von Kain und Abel nach, und kommt dabei zu einer moralischen Schlussfolgerung, eine Form, die den heutigen religiös inspirierten Hip-Hop-Texten nicht unähnlich ist:

Louis Armstrong
Cain and Abel

You can't run from the shadow of retribution.
If you're bad then you gotta pay for your wrongs.
Let yourself take a lesson from Cain and Able:

Don't lament, be content,
Don't resent what the Lord has sent,
And you'll find that you're bound to get along.

Belle Fenstock/Jules Loman, ca. 1940

Danach spielt Armstrong instrumental weiter und wird buchstäblich zum Prediger mit der Trompete: Sein Solo folgt der Form seines Gesangs, Worte und musikalisches Vokabular sind eng miteinander verwoben und scheinen sich dabei gegenseitig zu inspirieren. Diese Aufnahmen zählen zu den frühesten Dokumentationen einer künstlerischen Auseinandersetzung mit religiösen Texten im Jazz.

Die Rolle des „Predigens auf dem Instrument“ und das klagende oder lobend-ekstatische Anrufen eines übergeordneten Gottes in der Tradition der Schwarzen Kirchen und afrikanischen Kulturen ist die Klangspur der spirituellen Feuer im Jazz der folgenden Jahrzehnte. Der „Hot Sound“, der intensive Klang eines Instrumentalisten oder eines Solos kann zugleich wie Feuer werden, reinigend und spirituell transformierend.

Gleichzeitig aber findet die vielleicht bedeutendste und folgenreichste Dimensionserweiterung des Genres statt. Den mit Swing durchtanzten Krisenjahren folgte im zweiten Weltkrieg in den USA eine neue Musik, die sich enger als zuvor an der europäischen Avantgarde orientierte: der Bebop.

Für die Beziehung zwischen Spiritualität und Jazz wirkte diese stilistische Entwicklung katalytisch aus mehreren Gründen: Das hohe Tempo der neuen Musik erforderte ein konzentriertes Zuhören, Tanzen war nicht mehr möglich bzw. unpassend. Jazz wurde virtuose Kammermusik und hielt Einzug in klassische Konzerthäuser u.a. durch die Reihe „Jazz at the Philharmonic“ in den USA und Europa. Außerdem wurde nun kompositorisch bewusster auf die Klänge der komponierten Kunstmusik zurückgegriffen, wie zum Beispiel auf die von Igor Strawinsky, der selbst ein großer Jazzfan war und der 1945 für die Woody Herman Big Band das „Ebony Concerto“ mit Anleihen am Jazz komponiert hatte.

Eine schöne Anekdote, die diese enge Beziehung von komponierter und improvisierender Avantgarde in New York veranschaulicht, schildert Alfred Appel in seinem Buch „Jazz Modernism“: Igor Strawinsky besuchte im Jahr 1951 den

Charlie Parker
Ko-Ko

berühmten Jazzclub Birdland, um das Quintett von Charlie Parker zu hören. Parker, selbst ein großer Fan von Strawinskys Musik, verzichtete auf die übliche Begrüßung des Publikums und spielte seine Komposition „Ko-Ko" in noch höherem Tempo als gewöhnlich, also deutlich jenseits der Metronom-Viertel 300, das Parker normalerweise erst gegen Ende von Konzerten spielte. In seinem Solo fügte Parker dann Zitate von Strawinskys Feuervogel-Suite derartig organisch ein, als wäre „Ko-Ko" dafür komponiert. Strawinsky soll vor Vergnügen gebrüllt und sein Glas so auf den Tisch geschlagen haben, dass der Schnaps spritzte und die Eiswürfel auf die Gäste hinter seinem Tisch flogen.

Im Bebop entstanden durch die bewusste Auseinandersetzung der Jazzmusikerinnen und -musiker mit der sie umgebenden komponierten Avantgarde eine sich bis heute weiter ausdifferenzierende Jazzharmonik und eine ganze Anzahl an musiktheoretischen Konzepten, die künftige stilistische Entwicklungen weiter prägen sollten. Dabei ging es weniger darum, Klänge aus der komponierten Musik einfach zu kopieren, als darum, aus dem Reichtum des Blues und der Harmonik des Swing eine neue eigenständige Harmonik zu formen. Der bekannteste Ansatz dafür war sicherlich George Russells *Lydian Chromatic Concept,* das zugleich das Fundament für den Modal Jazz von Miles Davis im folgenden Jahrzehnt legte und sich von der westlichen Musiktheorie zugunsten von erweiterten modalen Tonalitätsstrukturen emanzipierte. Ein frühes Beispiel ist George Russells Big-Band-Komposition *A Bird in Igor's Yard* aus dem Jahr 1949 für Buddy DeFranco mit polytonalen Harmonien, Off-Beat-Akzenten, Taktwechseln und einem poly-

Buddy deFranco
A Bird

metrischen Abschnitt, in dem die Hälfte des Ensembles 3/4 spielt und die andere Hälfte im 4/4-Takt bleibt. Im Vergleich mit der wegen Charlie Parkers Solo berühmten Aufnahmen von „Ko-Ko“ aus dem Jahre 1945 zeigt sich, wie die Harmonik des Bebops mit ihren starken Blues-Einflüssen erweitert und rhythmisch verdichtet werden kann.

Wenn die Epochen des New Orleans Jazz, des Hot Jazz und des Swing jeweils eine starke Verkörperlichung der Musik durch den Tanz und die emotionale expressive Klangsprache der Solisten ermöglichten, so wurde Jazz im Bebop zu einer Musik für die Zuhörenden, eine Musik des wortlosen, feinen instrumentalen Ausdrucks, ein Kontrast, überspitzt gesagt, wie vielleicht Schumanns Album für die Jugend den Bachschen Goldberg-Variationen antagonistisch im Klavierrepertoire gegenübersteht. Unersetzlich sind beide für Pianisten.

Mit Ausnahme von Dizzy Gillespie, der in den 1960er-Jahren zum Bahá'í wurde, glaubten viele der Protagonisten des Bebops wie Charlie Parker, Miles Davis, Thelonius Monk, Bud Powell und Charles Mingus nicht an organisierte Religion und versuchten auch nicht, Erfahrungen von Transzendenz außerhalb ihrer Musik mit dieser zu verbinden. „Die Musik war ihre Kirche“ (Stephen Davis über Mingus), und Charlie Parker brachte diese existenzialistische Geisteshaltung auf den Punkt:

> Music is your own experience, your thoughts, your wisdom.
> If you don't live it, it won't come out of your horn.

Bebop bezieht sich nicht auf eine göttliche Ordnung, Kosmologie oder religiöse Praxis, sondern fordert eine Kongruenz der musikalischen Sprache nach den gelebten Erfahrungen. Die Musik kann dabei selbstbezüglich sein – und primär einer eigens entworfenen Ästhetik folgen; wichtig dabei ist, dass die jeweilige künstlerische Persönlichkeit bewusst aus eigenen Erfahrungen heraus arbeitet. Spirituell oder religiös inspirierte Musik kann nach dieser Prämisse entstehen, wenn die Musik Schnittstellen zwischen musikalischer Erfahrung und individueller musikalischer Sprache aufweist. Für Menschen, die nicht religiös sind, kommt dann das Kreieren einer religiös zu hörenden oder gemeinten Musik auch nicht mehr in Frage.

Bebop macht hiermit „Tabula Rasa“: Nach dem Dekonstruieren von Broadway-Hits und beliebten Melodien des Great American Songbook in der Swing-Ära stehen die eigenen Kompositionen und das eigene musikalische Vokabular neben dem immer schon relevanten persönlichen Klang im Mittelpunkt. Gesangstexte gibt es nicht, mit Ausnahme des dadaistischen *Salt Peanuts* von Dizzy Gillespie. Stattdessen singen Sängerinnen und Sänger nun im *Scat*-Gesang und imitieren die instrumentalen Melodien mit ihrer Stimme.

Das Feuer vergangener Jahrhunderte, aus dem sich die Hitze und Leidenschaft des Jazz speist, erhält mit dem Bebop dennoch eine neue spirituelle Dimension: Feuer als Licht, die Hoffnung von einer unveränderlichen musikalischen Wahrheit, jenseits von reinigender Katharsis und ekstatischen Erfahrungen. Trotz aller persönlichen Leiden und Ungewissheiten über die eigene Existenz ist es primär die von äußerlichen Konditionierungen geläuterte Musik selbst in ihrer Reinheit, die lebensspendend geworden ist und neue Begegnungen zwischen Spiritualität und Jazz eröffnet.

Am Ende des zweiten Weltkrieges ist Jazz die neue amerikanische Musik der Moderne, die nicht nur von Verlust, Schmerz und Heilung erzählt oder durch romantische Liebeslieder verführerisch attraktiv ablenken kann. Jazz wird eine Musik, die zudem protestiert und trauert, deren Akteure unerbittlich nach Wahrheit und Transzendenz suchen und dafür eine neue musikalische Sprache erfinden. *If* ***you*** *don't live it, it won't come out of your horn.* Das „du" ist nicht mehr das eines Kollektivs oder einer kollektiven geteilten Vergangenheit, sondern schon das fragile „du" und „ich" unserer Gegenwart.

The Negro with the trumpet at his lips
whose jacket has a fine one-button roll,
does not know upon what riff the music slips.

It's hypodermic needle to his soul
but softly as the tune comes from his throat
trouble mellows to a golden note.

Langston Hughes, Auszug aus „Trumpet Player Ende", 1947

Einheit, Schönheit, Empathie

If you play and make a statement, and it's a valid statement that's a truth right there in itself... and all musicians are striving to get as near perfection as they can get. That's truth there, you know. In order to play those kind of things, to play truth, you've got to live with as much truth as you possibly can.

John Coltrane

Für John Coltrane ist die goldene Note des Trompeters in Langston Hughes „Trumpet Player“ ein *statement*, also eine wahre, wertvolle Stellungnahme, wenn der Spielende sich selbst mit „Wahrheit“ ab- und umgibt, so viel, wie es irgend geht. Was ist diese Wahrheit im Jazz für John Coltrane, der in der Epoche des Bebop seine Karriere beginnt, und wie wird sie erzählt?

Coltranes Begriff von Wahrheit trägt ganz wesentlich die Konnotation der in den 1940ern in schwarzen Musikerkreisen entstandenen Phrase „keeping it real;“ also durch den künstlerischen Ausdruck her eine individuelle Position zu dem einzunehmen, was es heißt, in den USA Schwarz zu sein. Der

Kulturkritiker Mich Nyawalo beschreibt diesen Prozess als das Kreieren einer anderen Realität und eines parallelen Bedeutungssystems, das von der dominanten weißen Kultur nicht anerkannt werde, und dem Beharren darauf als Form eines kulturellen Widerstandes. Am Beispiel des Bebop mit dem Abwenden von dem auch bei der weißen Bevölkerung populären Swing ist dies gut nachvollziehbar. Mit dem Bebop entsteht ein neues künstlerisches Bedeutungssystem mit eigenen Kodifizierungen und damit ein freier Handlungsraum, der durch virtuose Improvisationen nach neuen Regeln bespielt werden kann und muss. Dabei wird es umso wichtiger, dass die neuen Formen noch Narrative liefern können, die an die vormals aussagekräftigen anknüpfen können. Integration der Tradition statt Traditionsabbruch ist dabei entscheidend. Elemente des Blues im Bebop erfüllen diese Funktion genauso wie Samples von Soul-Aufnahmen im Hip-Hop.

Das handwerkliche narrative Medium in diesen Freiräumen zwischen innovativem Aufbruch und Bewahrung ist im Jazz die Improvisation, die ihre Zuhörenden mehr (oder anders) zu fesseln vermag als die Aufführung von komponierter Musik. Der amerikanische Pianist und Jazzforscher Vijay Iyer beschreibt dies aus dem intensiven und synchronen Zeiterleben der Hörenden heraus: Das Publikum nehme wahr, dass die Improvisierenden in diesen Momenten das Konzert in Echtzeit erarbeiten und dabei neue, einmalige Klänge erzeugen. So entstünde eine Empathie für die Interpreten jenseits ihrer konkreten physischen Körper hin. Dem Publikum wird die gleichzeitige physische und mentale Anstrengung der kreativen Aktivität und Interaktivitat der Einzelnen in einem besonderen zeitlichen Raum bewusst.

Die Erfahrung eines „gemeinsamen zeitlichen Raums", der nur den Ausführenden und den Zuhörenden zugänglich ist, schafft ein besonderes Gemeinschaftsgefühl im Jazz, eine fast konspirative Verbindung zwischen allen Anwesenden eines Konzerts, die sich in spontanem Applaus und gemeinsam gefühlter Verbundenheit untereinander durch das erlebte Musikmachen manifestiert. Diese Erfahrung kann in Jazzkonzerten immer dann besonders intensiv gemacht werden, wenn es nicht um das Erfüllen von Erwartungshaltungen oder Abliefern eines festen Repertoires geht. Das aufmerksame Zuhören und innere Mitfühlen beim Hören von Jazz wird so durch die erzählerische Qualität, das aktuelle Neukomponieren, das Wieder-Erfinden der Musik verstärkt. Dies ist eine Parallele zum Geschichtenerzählen auf musikalischer Ebene, die neben einem übergeordneten Narrativ von den unerwarteten, riskanten Wendungen in der Jazzimprovisation mit überraschenden Dissonanzen, rhythmischen Verdichtungen und spontanen Auflösungen lebt. Der kollektiv spürbare Impuls der Musizierenden, einen Sprung in die unvorhersehbare Dissonanz oder jenseits des festen Metrums zu wagen, birgt ein ganzheitliches Potenzial für eine sinnliche, poetische und spirituelle Erfahrung für alle.

Die Improvisation im Jazz wird dadurch nicht zum Gegenteil der Jazzkomposition. Die Improvisation ist ihr Partner und ihr notwendiger Gegenpol zugleich: Komponierte Musik ist wie geschriebene Worte immer in Gefahr zu veralten. Das improvisatorische Spiel kann sie zeitloser machen und es ermöglichen, diese auf neue Weise zu erleben.

Auch in einer völlig freien Improvisation ist es weitgehend das Wechselspiel von Deutungsebenen des Unverständlichen und des Vertrauten, das aus sich selbst heraus über sich selbst hinausweisen und uns als Hörende oder Spielende verwandeln kann. Die Improvisation kann auch ein großzügiger Partner sein, wenn es darum geht, eine Neuinterpretation einer älteren Jazzkomposition durch moderne Klänge zu ermöglichen, ohne rigoros mit der Tradition und ihren Regeln zu brechen, da die Improvisation immer aus einem Moment der dialogischen Begegnung entsteht: das alt gewordene Etablierte mit dem Neuen, die allgemeine historische Tradition mit der persönlichen gegenwärtigen Perspektive der Interpreten.

So gibt die Improvisation im Jazz keine allgemeingültigen Antworten, sondern hinterfragt und spielt mit dem, was zu einem bestimmten Zeitpunkt als zeitgenössische Kultur wahrgenommen wird – und bietet einen momentanen *Respons*, ein *statement. Keeping it real.* Das Bewusstsein der Fragilität dieses improvisatorisch erarbeiteten Freiraums bewirkt, wie es der Jazzsänger Kurt Elling beschreibt, eine demütige Erfahrung im Bewusstsein der Tradition und der Verantwortung, sie zu interpretieren und lebendig neu zum Klingen zu bringen.

Die Fragilität der eigenen musikalischen Sprache, sozusagen der „Klingenden Wahrheit" nach John Coltrane, wird ganz wesentlich vom persönlichen Klang im Jazz gestaltet.

Der erste Eindruck, der den Hörenden erreicht, ist der Klang, der von dem Instrument ausgeht, er ist eine Erweiterung der Stimme des Musizierenden und, auf einer tieferen Ebene, Ausdruck der Persönlichkeit.

Der persönliche Sound verleiht dem musikalischen Vokabular Klang und betont den tiefschichtigen Aneignungsprozess zwischen einer Komposition und ihrer Interpretierenden im Jazz. Dieselbe Komposition, *My Favorite Things*, folgt bei

Sarah Vaughn
My Favorite Things

John Coltrane
My Favorite Things

Sarah Vaughn im Jahr 1961 dem ursprünglichen Charakter des Musicalsongs von Rodgers und Hammerstein als Wiegenlied, während John Coltrane im selben Jahr dem Lied einen klagenden, suchenden, ekstatischen Ausdruck auf seinem Sopransaxophon verleiht, in dem sich die Klangwelten seiner kommenden letzten Lebensjahre andeuten.

Der Klang ist untrennbar mit der Interpretation und der Persönlichkeit des oder der Interpretierenden verbunden, wie der Pianist Cecil Taylor 1959 schreibt. Durch den Klang entsteht das verbindende Moment, das der Jazz so bedeutsam in die Musikwelt trägt. Es liegt in einer gemeinsamen kollektiven Erfahrung zwischen Werkinterpretation, den Interpreten und den Hörenden.

Es gibt im Jazz keine normative Klangästhetik, weder für die Interpretation des Repertoires noch in den jeweiligen Stilepochen. Aber es gibt auch keine reine individuelle Klangästhetik, die von anderen destilliert und reproduziert werden kann, wie es oft der Praxis von Komponisten der musikalischen Avantgarde zugeschrieben wird. Während in der komponierten Musik der Komponist zumindest einen wichtigen, primär nur an seine Person gebundenen künstlerischen Akt vollzieht, indem er ein Werk vor der Aufführung schreibt und vollendet, wird der Jazz erst auf der Bühne geschaffen und vollendet – und zwar nur im gegenwärtigen Moment, nicht für eine zukünftige Wiederholung.

Jede Aufführung wird in der Tat immer zu einem kollektiven Werk einer gemeinsamen Anstrengung aller Beteiligten – Erzähler und Zuhörer. Die Komplexität der musikalischen

Sprache des Jazz und die künstlerischen Fähigkeiten der Interpreten werden auf höchst individuelle Weise entwickelt, aber sie entfalten sich im Gegensatz zur solistischen Leistung in einem klassischen Konzert a priori in einem kollektiven Raum gemeinsamer Kreativität und Kommunikation. Daher möchte ich vielleicht etwas überspitzt vorschlagen, dass Jazz sich einem narrativen Ausdruck gar nicht entziehen kann, im

Gegensatz etwa zur komponierten minimalistischen Musik, die den Hörer seine eigenen Geschichten erleben lässt. Jazz erzählt aufgrund seiner konstituierenden Prozesse immanente Geschichten, denn Jazz entsteht wesentlich in einem Dialog des Wiederfindens und Neukomponierens in einem gemeinsamen zeitlichen und klanglichen Raum, Konzert oder auch Aufnahmesession.

Ein Jazzkonzert als Erzählung bietet natürlicherweise die Möglichkeit, verschiedene Stilelemente aus der Tradition und der innovativen Avantgarde kollektiv zu einem musikalischen Narrativ spontan zu verdichten. Es ist also weder das Abspulen eines fixierten reproduzierbaren Programms, noch eine auf diese Situation und das Publikum optimiert zugeschnittene Produktion, die Hörerwartungen erfüllen soll und muss. Diese spezifische narrative Dimension im Jazz ist ein Alleinstellungsmerkmal, was in anderen Genres der populären Musik selten vorkommt und seit den Anfängen des Jazz zu seinen Wesensmerkmalen zählte. Von Buddy Bolden berichten Zeitzeugen, seine Musik habe Gospel, Blues und Ragtime neu verbunden und zum ersten Mal einen Kontrabass mit Blechbläsern kombiniert. Der Blues war in den ersten, sich schnell fortentwickelnden und an Komplexität gewinnenden Stilen ein Schlüsselelement, das Louis Armstrong, aber auch Charlie

Parker in ihre musikalische Sprache innovativ integrierten; es klingt jeweils ganz anders, bleibt aber vom Traditionsbezug und von der Wahrhaftigkeit in seiner Bedeutung für die Hörenden vital und aussagekräftig.

Hier gibt es viele Parallelen zu den narrativen und auditiven Strukturen, die die alten oralen Kulturtraditionen prägten, aber auch in den frühen afroamerikanischen Kirchen vertreten waren. Das Hörbeispiel des „Ring Shouts“ (Run Old
Jeremiah, S. 30) kann für die Interaktion und den energetischen Ausdruck eines Jazzensembles durchaus als Blaupause dienen. Die enthusiastische Improvisation und das intensive Hören im gegenwärtigen Moment eines poetischen Klangflusses führt zu einem dramatisch gesteigerten Präsenzerleben des musikalischen Prozesses, das Konzert kann zu einem Ritual werden. Hier sind es die alten Worte, die bekannte Geschichte, die neu zusammengesetzt neue Wahrhaftigkeit entfalten, neue Einsichten und Hoffnung spenden kann.

Jeder, der Jazz schon einmal live erlebt hat, weiß um diese außergewöhnlichen Momente, deren Entstehung mit den Kriterien klassischer Konzertmusik kaum zu beschreiben sind, weil sie nicht aus vorgetragenen, nachgeahmten und vorbereiteten Prozessen des Musizierens entstanden sind, sondern aus gemeinsamen Erzählungen und gemeinsamen Entdeckungen. Im Jazz wird die persönliche Sprache zur kollektiven Konversation auf der Bühne geübt, die zu einer Geschichte der Spielenden mit ihren Hörenden wird; in der komponierten Musik wird das souveräne solistische Erzählen einer Geschichte erlernt.

Zugespitzt lassen sich so dem Jazz diegetische narrative Qualitäten zuzuschreiben, da die Musiker und ihre Zuhörer immer direkt beteiligt sind und den Erzählprozess gemeinsam gestalten und erleben. Dies steht für mich im Gegensatz zur Aufführungspraxis von komponierter Musik, die vielleicht vergleichsweise als mimetisch angesehen werden kann, da sie darauf abzielt, eine vom Komponisten vorgegebene Erzählung zu reproduzieren. Dies mag die Gefahr einer Verallgemeinerung und der Schaffung einer unnötigen Dichotomie bieten, da ein Jazzkonzert, das „einen Stil imitiert", als mimetisch erscheinen könnte, während eine Uraufführung neu komponierter Musik zugegebenermaßen auf jeden Fall viele diegetische Qualitäten aufweist. Aber für die Begegnung von Jazz und Spiritualität ist die gemeinsam erzählte Geschichte im eigenen Klang genau das Besondere, und im Kontrast zu anderen musikalischen Genres auch das entscheidende identitätsstiftende Element untereinander für eine Gemeinschaft aller Hörenden.

Der Jazzforscher und Komponist George Lewis bezeichnet diese Art des musikalischen Erzählens als die genuin afroamerikanischen Wurzeln im Jazz, das Konzert und die Studioaufnahme als eine Art verschlüsselter Austausch persönlicher *statements,* die gerade durch diese momentane Lebendigkeit eine identitätsstiftende Qualität besitzen können. Es erscheint aufgrund der Relevanz der „Live-Erzählsituation" der Musik daher auch schlüssig, dass viele berühmte Jazzaufnahmen unter „Live-Bedingungen" entstanden sind. Weder Miles Davis noch John Coltrane probten mit ihren Bands das neue Repertoire vor einer Studioaufnahme, und oftmals waren es die *first takes*, die am Ende veröffentlicht wurden. Dies erzeugte eine ungeheure Spannung für die Spielenden und zugleich eine andere Perspektive auf eine im Studio abzuliefernde Perfektion. John Coltranes Ringen mit der Aufnahme seiner Komposition „Giant Steps" kann dies beispielhaft illustrieren.

Coltrane bringt mit seiner Komposition die Konzepte des Bebops konsequent auf ihre anspruchsvollste Ebene: Während im Bebop die schnell wechselnden Kadenzen pro Formteil meistens zu einer Tonart gehörten oder aus gängigen Sequenzen im Dominantabstand bestanden, besteht die 16-taktige Form von „Giant Steps" aus Kadenzen dreier symmetrisch in Großterzen voneinander entfernten Tonarten (H, G, Eb-Dur). Teilweise wechseln die Tonarten in der Mitte eines Taktes, was die Improvisation im „Ko-Ko-Tempo" von über 300 Viertel in fließenden Linien von Achtelnoten äußerst kompliziert machte. Bis heute gilt das Stück als Meilenstein in der Jazzgeschichte, dessen Bewältigung eine ähnliche Referenzqualität wie das Spielen der Cello-Suiten von Johann Sebastian Bach für Cellisten besitzt.

Paul Coltrane
Giant Steps

In den *Outtakes*, den unveröffentlichten Aufnahmen der Studiosession von „Giant Steps", gibt es einen ergreifenden Moment der Offenheit zwischen den Musikern der Band, die alle mit der Interpretation des Stückes ringen. Coltrane gesteht der Band, dass er nicht glaube, das Gespielte verbessern zu können, er könne nur noch etwas besser die Akkorde ausspielen in der Improvisation („playing the changes"), aber keine Geschichten erzählen („… Like … tellin' them black stories"). Einer seiner Bandkollegen meldet sich zu Wort und ermutigt ihn, dass das Ausspielen der Akkorde allein eine Geschichte sei. Coltrane fragt verunsichert nach, ob allein die Akkorde denn die Geschichte wären – und ein zweiter Musiker bestätigt lachend, dass sie genau dies seien und alle existierenden Geschichten daraufhin verändern werden. Coltrane ist aber immer noch verunsichert und bemerkt, er wolle seine Hörer nicht belügen. Wieder bekommt er mit Nachdruck zu hören, dass die Akkorde des Stücks selber die zu erzählende Geschichte seien. Seine Band, für die im Gegensatz zu Coltrane das Material wirklich neu war, begreift, dass es genau um diesen Zustand des gemeinsamen Ringens mit dem

Stück geht, fernab der Perfektion des Vertrauten. Sie sollten Recht behalten, von der Aufnahmesession werden die frühen Takes veröffentlicht, und ihre Wirkung verändern die Jazzgeschichte nachhaltig.

Hier verlässt Coltrane also die Ebene der musikalischen Kritik, er scheint vielmehr ganzheitlich nach Wahrhaftigkeit zu streben, er wolle „niemanden belügen". Er scheint an einer ästhetischen Schwelle angekommen zu sein, wo er unklar über die Aussage seines Stücks für seine Hörergemeinde ist. Hier die Übersetzung seines eingangs vorgestellten Zitats über Wahrheit, das nahtlos an diese Erfahrung von „Giant Steps" anzuschließen scheint und wie ein Fazit wirkt:

> Wenn du spielst und eine Aussage machst, eine musikalische Aussage, und es ist eine stimmige Aussage, dann ist das schon eine Wahrheit an sich … und alle Musiker streben danach, der Perfektion so nahe zu kommen, wie sie es können. Das ist die Wahrheit … Um diese Art von Dingen zu spielen, um die Wahrheit zu spielen, muss man mit so viel Wahrheit wie möglich leben.

Mit so viel Wahrheit wie möglich zu leben heißt bei „Giant Steps", anzuerkennen, dass es ausreicht, hingebungsvoll die

Changes zu üben und eine jazzgerechte identitätsstiftende Ästhetik entstehen zu lassen. Im Fall von „Giant Steps" hat dies eindrücklich geklappt, wie ich selbst während meines Studiums in den USA erfuhr. Mein dortiger Lehrer Jerry Bergonzi hatte 1997 eine CD aufgenommen, auf der er „Giant Steps" im 5/4-Takt spielte – und dies war das Stück, das gern auf den Jam-Sessions in dieser Fassung gespielt wurde, ein notwendiges neues Ringen mit der nun fast 40 Jahre alten Komposition von „Giant Steps", die mittlerweile zur „Grundausbildung" im Jazz gehörte. Auch heute finden sich immer wieder neue innovative Zugänge und Arrangements zu dieser Komposition, die ihre Wahrhaftigkeit als identitätsstiftendes Werk des Jazz stetig untermauern.

Wie mir der Saxophonist Joe Maneri und der Komponist George Russell unabhängig voneinander erzählten, begann Coltrane um die Aufnahme von „Giant Steps" herum anhand von Kreisdiagrammen zu üben, die er an die Wand in der Garderobe pinnte oder auf seinem Notenpult liegen hatte. Der Saxophonist Roel Holland analysierte das bekannte Kreisdiagramm, das Coltrane 1961 seinem Freund, dem Saxophonisten Yusef Abdul Lateef bei einem Konzert gab, vermutlich gezeichnet in der Pause im Backstage. Der Tonkreis besteht, wie Holland herausfand, aus zwei Ringen von sechs Tönen, die jeweils durch Skalenstufen einer Ganztonleiter verbunden sind und die dabei ein Pentagramm aus zwei verschränkten Dreiecken umrunden. Nachdem Holland die Anfangstöne jedes Ganztons der hexatonischen Skala auf dem äußeren Ring verbindet, entsteht ein Hexagramm, dass das Pentagramm umgibt. Die Einheit von Hexagramm und Pentagramm ähnelt nach Hollander dem heiligen Geometriesymbol der „doppelten Kraft" aus der Jüdischen Mystik, dass die Vermählung von Mikro- und Makrokosmos symbolisiere. Hollander vermutet, dass Coltrane diese Kreisdiagramme in den 1960er-Jahren auch als Inspiration für seine Komposition „Giant Steps“ nutzte. Wenn diese in das Kreisdiagramm mit den Akkordgrundtönen und Tonartzentren eingetragen wird, entsteht zusammen eine zweidimensionale Version der *Merkabah*, eines weiteren bedeutungsvollen mystischen geometrischen Symbols.

Wie der Komponist Dan Voss aufzeigt, strukturierte diese Modulationstechnik auch eine von Coltranes letzten Aufnahmen, „Interstellar Space“. Die Bedeutung dieser Entdeckung wiegt umso schwerer, da Coltranes letzte Aufnahmen in der Regel als überbordende freie Improvisationen wahrgenommen werden, die scheinbar einen erkennbar strukturierten tonalen Rahmen aufgeben. Voss zeigt allerdings in einer detaillierten Analyse von „Venus“, dass das Stück tonal angelegt ist: Es beginnt mit einer Art Thema in C-Dur und kehrt auch dorthin wieder zurück. Dann folgt eine zyklische harmonische Form mit den Grundtönen von C, A♭ und E, dieselben Intervalle, die Großterzen, wie bei „Giant Steps“. Die modulatorische Bewegung ist zumeist absteigend (C-A♭-E) wie bei „Giant Steps“, und nur gelegentlich aufsteigend (C-E-A♭) wie am Formende von „Giant Steps“.

John Coltrane
Interstellar Space

Während John Coltrane also das Spektrum der Ausdrucksmöglichkeiten seiner Instrumente und die Freiheit im Zusammenspiel seiner Band in seinen letzten Lebensjahren dramatisch erweiterte, folgte er selbst offenbar strengen Konzepten, die für ihn wahrhaftige Schönheit, die kosmische Kraft des Universums repräsentierten, wie er oftmals erwähnte. Coltranes großes Interesse an den Entwicklungen der Astrophysik mit der damals sich entwickelnden Urknall-Theorie und die Hinwendung zu einer meditativen spirituellen Praxis evozierte bei ihm die Vorstellung von Gott als universelle sinnstiftende kosmische „Kraft" und das Bestreben, musikalisch mit dieser eins und damit Teil des „kosmischen Klanges" zu werden. Bei der Einbettung dieser außermusikalischen Bedeutungen in seine musikalische Sprache bildete die Symmetrie in den Beziehungen von Tönen und der mystischen *Sacred Geometry* eine Schlüsselrolle, da sie als einheitliches Ordnungsprinzip, als Abbild einer höheren Einheit erschien.

Unity, Einheit, ist das Lebensthema des Komponisten und Musiktheoretikers George Russell, der wie John Coltrane mit dem Swing aufwuchs und durch den Bebop die wesentlichen Impulse für den Beginn seiner musikalischen Karriere erhielt. Auch für ihn ist der Blick in das Universum Grundlage seines musiktheoretischen Schaffens, in dem Vorwort der letzten Edition seines Tonalitätskonzeptes aus dem Jahre 2001 schreibt er:

> … wenn ich mich nach dem „Warum" der mehr als fünfzigjährigen Entwicklung des Konzepts frage, dann freut es mich, dass das höchste Ziel des Konzepts darin besteht, Licht auf die Art und Weise zu werfen, wie sich die kosmische Gravitation im Bereich des musikalischen Klangs manifestiert … Ich hoffe, dass dieses Wissen euren Weg erhellt und … euer wahres, einzigartiges Selbst zum Ausdruck bringt – nicht nur musikalisch, sondern auch, indem ihr euch in den Schoß der Musik begebt, in jene unsichtbare philosophisch-spirituelle Welt, die die grundlegende Quelle, das Fundament der Musik ist und euch mit ihr und mit den Sternen verbindet.

Laut Russell begannen seine eigenen musiktheoretischen Forschungen über die Jazzimprovisation in der Blütezeit des Bebop mit einer Frage des 18-jährigen Miles Davis im Jahr 1944: *„Miles sagte, er wolle alle Changes lernen, und ich meinte, er könnte versuchen, für jeden Akkord die nächstgelegene Tonleiter zu finden."* Davis war zu diesem Zeitpunkt bereits dafür bekannt, Akkorde in der Bebop-Tradition zu spielen, aber Russell verstand es so, dass Davis auf der Suche nach den Klängen war, die er und andere Bebop-Musiker in der Musik von Ravel und Strawinsky fanden. Dort standen die Akkorde nicht mehr in einem funktionalen Zusammenhang (entweder als Bestätigung der Tonika oder als Bewegung von der Tonika weg oder wieder zurück), sondern waren unabhängige expressive Klänge.

Russell nutzte Anfang der 1950er-Jahre einen Tuberkulosebedingten längeren Krankenhausaufenthalt dazu, die erste direkt aus der Jazzimprovisation stammende Akkord-Skalentheorie zu entwerfen, das „Lydian Chromatic Concept of Tonal Organization". Neben Analysen der Improvisationstechniken des Jazz dienten ihm besonders Intervalltheorien wie die von Paul Hindemith als Grundlage. Russell beschrieb die systematische Erweiterung des Dur-Moll-Systems bis zur 12-Ton-Tonaliät und begann diese neue tonale Sprache in seine Musik zu integrieren. Parallelen zu Hindemith zeigen sich auch in der Auffassung, dass bestimmte Intervalle jeweils einen klaren Grundton enthalten aufgrund ihrer Obertonstruktur. Hindemith bezeichnet – wie Russell – Tonalität als ein natürliches Phänomen, als Schwerkraft.

Russells zweites grundlegendes analytisches Werkzeug war der durch die Musik erzeugte Zeitfluss. Er differenzierte vertikale (nicht der Zeit bedürfende) Faktoren wie Klang und die Einheit zwischen Akkord und Melodienoten, bei dem die Melodie mit der Harmonie verschmilzt, unabhängig vom Tempo, von horizontalen Faktoren wie einer übergeordneten Tonika einer Melodie oder Akkordfolgen die eine lineare Zeithörweise erfordern, sowie Konzepte zyklischer Zeitverläufe wie *Timelines* und *Ostinati*, die beide Elemente kombinieren.

Historisch gesehen war Russell der erste Jazzmusiker, der die phänomenologische Dimension der Zeitwahrnehmung in die Improvisation mit einbezog und auf der Grundlage seiner Entdeckungen analytische Instrumente formulierte, die sich auf verschiedene Musikgenres anwenden lassen. Er gebrauchte seine Theorien stilprägend in der eigenen Musik und inspirierte befreundete Künstlerkollegen. Miles Davis' „Kind of Blue" mit Bill Evans und John Coltrane wird oftmals als Manifestation dieser Inspiration durch George Russell betrachtet. Die Aufnahme eröffnete den Weg zur bahnbrechenden Epoche des modalen Jazz, der zugleich Verbindungen zur Musik anderer Kontinente und deren Spiritualität ermöglichte. In der Folge von „Kind of Blue" wurde Jazz zu einem Teil der Weltmusikbewegung, er wurde erfüllt mit Spiritualität und in den kommenden Jahren zudem politischer.

Die Jazzforscherin Ingrid Monson argumentiert, dass Russells Grundlage für seine Theorie ein übergeordnetes integratives Konzept einer höheren Einheit und weitreichende Implikationen mit sich brachte, da die Welt und das Leben der Jazzmusikerinnen und Jazzmusiker von Dissonanzen und Dualität erfüllt war. Russell wies häufig auf diese Aspekte seiner ganzheitlich ausgerichteten Musiktheorie hin und betonte die Bedeutung von Gefühl und Seele sowie die potenziellen politischen und symbolischen Verbindungen zwischen dem Jazz und den erfolgreichen antikolonialen Kämpfen in Indien und auf dem afrikanischen Kontinent. *You've got to live with as much truth as you possibly can.*

Natürlich war dies nicht auf die Zeit von *Kind of Blue* beschränkt. Als ich bei Russell zu Beginn des neuen Jahrtausends studierte, war es die anhaltende Debatte um Wynton Marsalis und dessen afroamerikanisch zentrierte historische Jazzauffassung. So sehr Russell als Afroamerikaner die Wut über Diskriminierung und die Missachtung des Jazz in der amerikanischen Gesellschaft zeitlebens teilte, so eindringlich wies er auf das Prinzip der höheren Einheit hin. Eine polarisierende Spaltung der globalen Jazzgemeinschaft müsse auf jeder Ebene verhindert werden, um die Gesellschaft letztlich zum Besseren zu verändern. Er warf Wynton Marsalis den Versuch vor, die Jazzgeschichte neu schreiben zu wollen, indem er den Einfluss weißer amerikanischer oder europäischer Künstler oder afroamerikanischer Künstler wie Max Roach, Sonny Rollins und George Russell, die Marsalis' Sichtweise widersprachen, vernachlässigte.

Eine der bedeutsamsten Verbindungen, die Russell meines Erachtens herstellte und die eine höhere Einheit zwischen scheinbar unverbundenen Elementen schuf, war die zwischen Tonalität, Räumlichkeit und Rhythmus. Russells ordnendes Element der Tonalität, die „tonale Gravitation" betrachtete er als Partner des Begriffs *Puls*, der sich auf ein gewissermaßen unendliches rhythmisches Kontinuum mit vertikalen, horizontalen und zyklischen Dimensionen bezieht.

Diese immanenten, grauen Zwischenräume innerhalb von Rhythmus und Harmonie schaffen die notwendige Offenheit, den musikalischen Freiraum, für die Aufnahme von Dissonanzen in vertrauten Klängen und andere Zeitstrukturen in etablierten Rhythmen. So fanden Ragas, Messiaen-Modi, Gregorianik und zyklische Rhythmen anderer Kulturen organisch ihren Platz in einer Musiktheorie, die Diversität anerkannte und zwischen Traditionen, Innovation und individueller fragiler musikalischer Sprache vermittelte.

Eine weitere Verbindung, die Russells Konzept herstellt, besteht zwischen Rhythmus und musikalischer Form. Für Russell schaffen die regelmäßigen oder unregelmäßigen Intervalle zwischen den konstitutionellen Teilen eines Klangphänomens den Rhythmus. Auf dieser Ebene wird der Rhythmus mit dem Tempo (Grundpuls) gleichgesetzt, d. h. mit der Fließgeschwindigkeit der konstitutionellen (intrinsischen) Teile des musikalischen Ganzen. Rhythmus konstituiert aber nach Russell auch die Form, und damit einen virtuellen Raum größerer zeitlicher Gestalt: die Form ist also eine höhere Erscheinungsform des Rhythmus.

In seinen eigenen ausgedehnten Kompositionen, die er im Untertitel als „Vertikale Formen“ bezeichnete, kombinierte Russell eine Vielzahl von sich überlagernden rhythmischen Strukturen verschiedener oder wechselnder Tempi und harmonischen Bändern mit einer fundamentalen Zeitachse, wie sie in afrikanischer oder javanischer Musik zu finden sind. In seiner achtteiligen Komposition „Living Time“, erstmals für den Pianisten Bill Evans als Solist mit großen Ensemble 1972 komponiert und 1996 in Paris in neuer Orchestrierung nochmals aufgenommen, findet sich ein klangliches Kompendium von Russells musikalischer Sprache.

George Russell
Living Time

Russell bezeichnete sich selbst als „*Vertical Man*“, was auch zum Titel seiner Gedenkfeier am 8. Mai 2010 in der All Souls Church in New York City wurde. *Vertical Man* wirft ein Licht auf die spirituellen und psychologischen Quellen seiner Musik. Russell übertrug viele seiner musikphilosophischen Erwägungen aus dem Werk des schottischen Autors und Psychologen Maurice Nicoll, der die Lehren von G. I. Gurdjieff und Pjotr Ouspensky erforschte. Hier ein Zitat, das eine fundamentale Inspiration für Russells Theorie darstellt:

> The center of gravity of oneself must not lie outside through the action of self-love and the senses. It must not lie outwards in this foreign world which we can never directly reach, but within, in this invisibility that is the beginning of oneself and can become something, and through which we can reach the ‚neighbour‘. And for this to happen a qualitative change of standpoint is necessary, and a willingness which starts from a conviction that there is something else that is essential for us. For we can only begin from our own willingness and our own conviction.
>
> Maurice Nicoll, Living Time and the Integration of the Life

Maurice Nicolls eigene Wurzeln im Christentum hat die meisten seiner Schriften beeinflusst. Er schlägt den christlichen Glauben als Handlungsorientierung vor, indem Menschen lernen, „in sich selbst zentriert zu sein“ und zugleich anderen bedingungslose Empathie (Nächstenliebe) zu geben, ohne die Notwendigkeit der selbstbezogenen „Selbstliebe“. Dies ist für Nicoll kein Akt aus der Kontemplation heraus, sondern vielmehr ein Zustand hohen Bewusstseins, in dem Ablenkungen, und destruktive Motivationen für die Auseinandersetzung mit der ihn umgebenden Gesellschaft überwunden werden.

Russell nannte diesen „Vertikalen Zustand" in der Musik eine Situation, in der keine harmonische oder melodische oder rhythmische Auflösung nötig ist und daher keiner zeitlichen Entwicklung bedarf. Russell meinte, dies könne uns spirituell anregen, uns mit dem Numinosen, dem Göttlichen im weiten Sinne, wie es Rudolf Otto bezeichnet, zu verbinden.

Der gegenteilige Zustand ist der von Aktivismus und Bewegung, weg von dem inneren Selbst, und ein Streben nach Identität und Anerkennung, das Selbstlosigkeit unmöglich macht. Diese drängende Art, sich ständig von unserer inneren Mitte wegzubewegen, verursacht nach Nicoll und Russell Leiden; genauso wie umgekehrt das Leiden an Gewalt unsere Fähigkeit schwächt, uns auf unser wahres, friedliches Wesen zu konzentrieren. Wir sind ständig in Bewegung und *in der Zeit gefangen*, weil wir den Sinn für die Zeitlosigkeit verloren haben beziehungsweise weil uns dieser geraubt wurde.

Eine mögliche Vermittlung zwischen diesen beiden Seinsweisen wurde in jüngerer Zeit von dem deutschen Soziologen Hartmut Rosa als „Diagonale Resonanzen" bezeichnet. Nach Nicoll bedarf es einer höheren Ebene des Seins, die horizontale Handlungen als Handlungen bedingungsloser Liebe adaptiert. Übertragen auf Russells Denksystem gelangen wir hier auf seine dritte Ebene musikalischen Schaffens, wo das Horizontale in eine vertikale Kompositions- und Improvisationsweise eingebettet ist.

Russell betrachtete zum Beispiel Blues, Gospels und Spirituals als „horizontale Musik", weil sie den Ausdruck des Schmerzes in einer Bewegung auf Erlösung und musikalischer

Auflösung in sich tragen. Ihm war es wichtig, in jedem seiner Arrangements diese Elemente aus der Jazztradition anklingen zu lassen, aber überführte diese zugleich in neue Formen und Bedeutungsebenen. Ein berühmtes Beispiel ist seine Interpretation von *You are my Sunshine,* in der das nostalgische Liebeslied aus dem Zweiten Weltkrieg dekonstruiert und umgedeutet wird, als Requiem für all die verlorenen Männer und Frauen, die nie nach Hause zurückgekehrt sind. Das fast zwölfminütige Arrangement wirkt wie ein Klang-Kaleidoskop der Kriegs- und Nachkriegsgeschichte und vermischt Anklänge an Blues, Swing, Bebop, Cecil Taylor und Edgar Varese. Nach einer schwebenden modalen kollektiven Improvisation singt Sheila Jordan genau in der Mitte des Stücks die Melodie ganz allein mit einer in sich ruhenden und zugleich entrückten Stimme, wie ein fernes Echo vergangener glücklicherer Zeiten. Langsam wird sie dann von scharfen modalen Klangfarben, die die drastisch veränderte Realität nach dem Zweiten Weltkrieg in Teilen der USA besonders für Arbeiterfamilien verklanglichen, umzingelt.

Sheila Jordan
My Sunshine

Für Russell war Jazz eine Form spiritueller oder *sakraler Weltmusik*, die ständig die Grenzen ethnographischer und kultureller Identität überschritt, da es in der Essenz um die *Seele der Menschheit* und ihre gesamtgesellschaftliche Entwicklung in globaler Perspektive ging. Und dieses Potenzial sollte nach seiner Vorstellung jedem Musiker bewusst sein, unabhängig von seinem eigenen Glauben, seiner Kulturtradition und seinem sozio-ökonomischen Status. In diesem Sinne widmete er sich nicht nur dem Komponieren, sondern auch dem langjährigen Unterrichten am *New England Conservatory of Music.*

Und er betonte oft, seine beste Komposition sei das *Lydische Chromatische Konzept*.

John Coltranes Schaffen, inspiriert aus harmonisch-geometrischen Formen, war für Russell besonders bedeutsam aus spiritueller Sicht. Er sah in der künstlerischen Adaption und Transformation von mathematischen Prinzipien einen effizienten Weg, um eine höhere Einheit in sich selbst zu schaffen und dabei die bedingungslose Liebe zum Nächsten und zur umgebenden Welt zu fördern. *To lift people up.*

Die beispielhaft an der Musik John Coltranes und der musikalischen Lehre George Russells beschriebenen integrativen Fähigkeiten des Jazz verhalfen einer jungen Generation von Musikerinnen und Musikern auf verschiedenen Kontinenten dazu, eigenständig das afroamerikanische Erbe in neuen Stilistiken weiter zu entwickeln und zu transformieren. Jazz war in die Welt gegangen und diese zog nun unumkehrbar in die klanglichen Identitäten des Jazz ein.

Ein Beispiel dafür ist der Roma-Gitarrist Django Reinhardt, der seine musikalische Laufbahn in traditionellen französischen Bal-musette-Bands startete und 1934 beim Spielen von Tanzmusik, inspiriert vom amerikanischen Swing, zusammen mit dem französischen Geiger Stéphane Grapelli begann, in einem neuen populären Jazzstil zu improvisieren, der später als „Gypsy-Jazz" bezeichnet wurde und bis heute eine weltweite Fangemeinde und konstanten musikalischen Nachwuchs in dieser Tradition aufweisen kann.

Bereits in den 1930er-Jahren erreichte der amerikanische Jazz Indien, und in den 1940er-Jahren war das Land zu einem Zentrum des Jazz in Südasien geworden. Die Konzerte von Duke Ellingtons Big Band in den frühen 1960er-Jahren trugen

dazu bei, ein Publikum für den Jazz aufzubauen, und in den folgenden Jahrzehnten wurden vielfältige musikalische Verbindungen zwischen dem umfangreichen Erbe der klassischen indischen Musik und dem amerikanischen Jazz hergestellt, wie der Jazzforscher Warren Pinckney in seiner Studie über die Entwicklung des Jazz in Indien feststellt. John Coltranes Aufnahme von „My Favorite Things" ist ein frühes, aber bis heute
 bedeutungsvolles Beispiel für die Verbindung von modernem Jazz und Konzepten aus der klassischen nordindischen Musik.

Als kultureller Brückenbauer kam der Jazz bereits in den 1940er-Jahren auf den afrikanischen Kontinent. Der südafrikanische Jazzhistoriker Nusra Kahn erklärt die schnell wachsende Popularität:

> Die verbindende Erfahrung schwarzer Amerikaner und Afrikaner, von „zwei Völkern unter weißer Herrschaft", mag die Anziehungskraft des afroamerikanischen Stils unter südafrikanischen Interpreten erhöht haben. Da Jazz zwar westlich, aber nicht weiß war, bot er ein Modell für den kulturellen Wandel, das dem afrikanischen Erbe ähnlicher war und sich daher besser an die Realität der ethnischen Trennung anpassen ließ … Der Jazz begann sich vor allem im ethnischen und kulturellen Schmelztiegel von Sophiatown, dem legendären Vorort von Johannesburg, zu manifestieren. Dort konnten sich zum ersten Mal in der Geschichte Südafrikas schwarze und weiße Jazzmusiker regelmäßig treffen und eine gemeinsame Plattform für Jamsessions finden.

Das eigenständige und reichhaltige Genre des äthiopischen Jazz entstand in den späten 1950er-Jahren mit dem Pionier

Mulatu Estatke, der die traditionellen äthiopischen Modi mit dem Rhythmus und der Harmonik des gerade entstehenden modalen amerikanischen Jazz kombinierte. Gleichzeitig verband sich der amerikanische Jazz mit der reichen und teilweise improvisatorischen Tradition des brasilianischen Choro und Samba, und es entstand ein neuer Stil: der Bossa Nova.

Entscheidend für die Identität des Jazz in den 1960er-Jahren wurden diese multidirektionalen kulturellen Wechselwirkungen. Django Reinhardt spielte 1946 in den USA als Gast des Ellington-Orchesters, der Leipziger Klarinettist Rolf Kühn wurde 1957 vom Magazin *Down Beat* zum „Clarinet New Star" gekürt, zog nach New York und trat mit den Orchestern von Benny Goodman und Tommy Dorsey auf; Dave Brubeck veröffentlichte 1958 als Ergebnis einer Asien-Tournee ein Album mit Jazz, inspiriert von lokaler nordindischer Musik, der Musik Afghanistans und der Türkei.

Die Fähigkeit des Jazz, sich mit verschiedenen Musikkulturen aufgrund seiner eigenen intrinsischen partizipativen narrativen Tradition fluide zu verbinden, ist hier nicht mit Prozessen von problematischer kultureller Aneignung gleichzusetzen. Jazz erfordert die eigene Sprache auf beiden Seiten, keine Stilkopie oder Imitation mit potenziellen Hintergedanken, die Urspungskultur im eigenen kulturellen Kontext ausbeuterisch zu missbrauchen. Stattdessen entsteht eine aus dem Dialog oder bestenfalls dem gemeinsamen Zusammenspiel gewonnene eigenständige Interpretation einer vormalig fremden Musiktradition, die in aller Regel mit gegenseitigem Respekt für den künstlerischen Prozess gewürdigt wird und zunächst auch das Interesse auf die der Inspiration zugrundeliegenden Ursprungskultur (Karnatische Musik, Samba usw.) weckt.

Unter diesen Grundbedingungen einer sich in der Nachkriegszeit formierenden Identität des Jazz afroamerikanischer Herkunft zu einer globalen Musiksprache des 20. Jahrhunderts wurde die Zeit reif, dass sich auch eine ausgesprochen spirituelle oder sogar sakrale Tradition im Jazz etabliert. Ich habe in einer bewussten Engführung nur zwei Musiker herangezogen für diesen Prozess, die aber historisch als die wichtigsten Wegbereiter dieser Emanzipation des Spirituellen im Jazz gelten können.

Während John Coltrane die Strukturelemente des Bebop und den als Gegenreaktion auf dem West Coast Jazz entstandenen „entschleunigten“ Hard Bop zu einer neuen harmonischen Komplexität führte, formulierte George Russell erstmalig eine genuin aus dem Jazz heraus begründete Musiktheorie, die den Weg zur Epoche des modalen Jazz mit ihrem befreienden und integrativen melodischen Ausdruck ebnete. Beide vereinigte das Ringen um Transzendenz im musikalischen Schaffensprozess, auf die sie beide sehr verschiedene, aber künstlerisch stimmige Antworten fanden.

Diese Stimmigkeit, Integrität oder Wahrhaftigkeit, um bei diesem Vokabelfeld zu bleiben, sind Grundvoraussetzungen dafür, dass Spiritualität nicht als Mittel zum Zweck mit Jazz verbunden wird – sondern als integres Medium künstlerischen Schaffens und genuine Erweiterung der musikalischen Expressivität und kultureller Bedeutung.

Einige Fackelträger dieser Zeit sind aus dem Umfeld von John Coltrane und George Russell wohlbekannt. Coltranes Frau Alice Coltrane mit ihrem gemeinsamen Sohn Ravi Coltrane, sowie Terje Rypdal und Jan Garbarek, Solisten in George Russells skandinavischen Ensembles. Andere, wie Sun

Ra, Ornette Coleman, Steve Coleman, Archie Shepp, Anthony Braxton, Peter Brötzmann, Cecil Taylor folgten diesen Traditionen mit ihren eigenen musikalischen Sprachen.

Besonders bedeutsam ist für mich die Fortsetzung des Gedankens der Wahrhaftigkeit durch den Saxophonist Albert Ayler und den 2022 verstorbenen Pharoah Sanders geworden. Sie stellen die alte antike Verbindung zwischen Wahrheit und Schönheit in den Mittelpunkt ihres künstlerischen Schaffens.

Albert Aylers eindrückliche, emotional bewegende Musik ist eine eigenständige Transformation von vielem, was die Musik John Coltranes in den letzten Lebensjahren ausmachte. Ayler respektierte John Coltrane als jemand, der zur Generation des Bebops gehörte und, wie er wörtlich sagte, „die Changes" gespielt hatte, so wie Charlie Parker. Eine weitere Bestätigung des Werts der „Giant Steps"-Aufnahme für eine jüngere Generation. Coltrane war nachhaltig inspiriert von Aylers Spiel, das eine große Melodiosität und expressive Freiheit in einer spirituellen Direktheit zusammenführte und, wie die Pianistin Carla Bley bewundernd sagte, davon, dass Ayler vermochte, Menschen mit ganz verschiedenen Hörgewohnheiten emotional zu berühren und so die Hörergemeinde des freien Jazz zu vergrößern. Coltrane förderte und unterstützte ihn finanziell und ermöglichte Ayler auch seinen einzigen fixen Plattenvertrag mit Impulse! Records. Das Live-Album „In Greenwich Village", eines von Aylers Hauptwerken und eines der wichtigsten Live-Alben der Jazzgeschichte, erschien 1967, im selben Jahr, in dem John Coltrane an Leberkrebs verstarb.

Einer von Coltranes letzten Wünschen war, dass Ayler bei seiner Beerdigung am 21.07.1967 in der St. Peters Church Manhattan, einer der ersten Jazzkirchen in den USA, spielen

Albert Ayler
Love Cry u. a.

sollte. Die Aylers spielten eine Suite aus „Love Cry“, „Truth is Marching in“ und eines der bekanntesten Stücke, „Our Prayer“, komponiert von Aylers Bruder Donald. Albert beendete sein Solo, indem er das Saxophon absetzte und laute wortlose Schreie in die Kirche hinein ausstieß. Auf der Aufnahme der Beerdigung wird die Intensität dieses Moments trotz der limitierten Audioqualität spürbar, Stimme und Trompete erheben und vereinen sich über den Tremoli von Bass und Schlagzeug zu einem gemeinsamen Klagesang in das Kirchengewölbe hinein, der die Kirchenmauern in alle Himmelsrichtungen bis in den Kosmos durchbrechen will.

In klaren, einfachen Worten beschreibt Ayler 1966 im Downbeat-Interview mit seinem Bruder, was die Motivation hinter ihrem musikalischen Schaffen ausmacht:

> Zunächst einmal sind *wir* die Musik, die wir spielen. Und unser Engagement gilt dem Frieden und dem Verständnis von dem, was Leben ausmacht. Wir versuchen, unsere Musik und uns selbst zu läutern, damit wir uns selbst – und diejenigen, die uns hören – auf eine höhere Ebene des Friedens und des gegenseitigen Verstehens bringen können. Man muss seinen Klang läutern und kristallisieren, um zu hypnotisieren. Ich bin davon überzeugt, dass man dem Leben durch Musik mehr Sinn geben kann. Und jede Art von Musik hat einen Einfluss – entweder direkt oder indirekt – auf die Welt um sie herum, sodass nach einer Weile die Klänge der verschiedenen Musikarten umhergehen und psychologische Veränderungen bewirken. Und wir versuchen, Frieden zu schaffen. Auf seine Weise ist es zum Beispiel auch das, was Coltrane zu tun versucht …

Da war auch Sidney Bechet. Ich war verrückt nach ihm. Sein Ton war unglaublich. Es hat mir sehr geholfen zu lernen, dass jemand einen solchen Klang haben kann. Es war hypnotisierend – die Kraft des Tons, die Stärke des Vibratos. Für mich repräsentierte er den wahren Geist, die volle Kraft des Lebens, die viele der älteren Musiker hatten – wie im New Orleans Jazz – und die heute selten geworden ist. Ich hoffe, dass ich diesen Geist in die Musik, die wir spielen, zurückbringen kann …
wir versuchen jetzt, das zu tun, was Leute wie Louis Armstrong am Anfang getan haben. Ihre Musik war ein Jubel. Und es war Schönheit, die sich ereignen würde. So wie es am Anfang war, so wird es auch am Ende sein …

Es ist wirklich freie, spirituelle Musik, nicht nur freie Musik. Und was das Spielen angeht, so machen sich andere Musiker Gedanken darüber, was sie spielen. Aber wir hören uns gegenseitig zu. Viele der anderen spielen nicht zusammen, und so produzieren sie Lärm. Es ist schreiend, es ist Neo-Avantgarde-Musik. Aber wir versuchen, das alte New-Orleans-Gefühl wieder aufleben zu lassen, dass man Musik gemeinsam und in freier Form spielen kann. Jeder findet seine eigene Form …

Sehen Sie, alle schreien „Freiheit", aber geistig stehen alle unter einer großen Belastung. Aber jetzt ist die Wahrheit auf dem Vormarsch, wie damals in New Orleans. Und diese Wahrheit ist, dass es Frieden und Freude auf der Erde geben muss. Musik ist wirklich die universelle Sprache, und deshalb kann sie eine solche Kraft sein. Worte sind schließlich auch nur Musik …

Ich bin ermutigt durch die Musik, die kommen wird, es gibt überall in den USA Musiker, die bereit sind, freie spirituelle Musik zu spielen. Man muss sich auf die Wahrheit gefasst machen, denn sie wird kommen (truth is marching in).

Albert Ayler stammte aus einer tief religiösen Mittelklasse-Familie, die Musik von John Coltrane und Pharoah Sanders hatten sein Leben und seine Musik grundsätzlich verändert – berühmt ist seine trinitarische Einordnung: John Coltrane sei der Vater, Pharoah Sanders der Sohn und er der Heilige Geist.

Der Tod von John Coltrane bedeutete einen dramatischen Einschnitt in seinem Leben, und es gelang ihm nicht, den positiven hellen Geist seiner produktivsten Schaffenszeit nach 1967 zu bewahren. Ebenso ist ungewiss, wie erfüllt er seine Hoffnungen in den Aufbrüchen zu einer freien spirituellen Musik in den USA erfüllt sah. Albert Ayler wurde am 25.11.1970 im East River in New York tot aufgefunden, als Todesursache wurde Selbstmord vermutet.

Pharoah Sanders, beim Tode Albert Aylers gerade 30 Jahre alt, ist in dem „Trinitarischen Saxophon-Trio" die musikalische Stimme, die am Deutlichsten eine nach Innen gewandte tiefe Klangsinnlichkeit von großer Intensität und Schönheit abbildet, weniger tonal unruhig und auf der kosmischen Suche wie Coltrane, weniger überbordend expressiv und predigend wie Ayler, mit einer warmen Innerlichkeit, die durch Sanders Mitsingen, dem „Growling", eine besondere vokale Qualität bekommt.

Sanders eigene Stimme profiliert sich in der Post-Coltrane Periode mit dem 1980 erschienenen Album „Journey to the One" mit melodischen, oftmals modalen Kompositionen – er verschmilzt durch seinen Klang die Tradition Coltranes und Aylers auf eigenständige Weise mit dem Mainstream-Jazz. Es entsteht eine beseelte warme Musik, die in den nächsten Jahrzehnten zu

Pharoah Sanders
Greetings to Idris

seinem Markenzeichen werden sollte, getragen von dem hymnischen Klang des Tenorsaxophons.

Pharoah Sanders
Promises

Sanders letzte Aufnahme „Promises“ von 2021, eine Kooperation mit dem Komponisten Sam Shepherd (Flying Lotus) erscheint wie eine weise musikalische Meditation über das Wesen des vergänglichen Menschen, ein wundersames, empathisches, Mut machendes Requiem über Verheißungen, Versprechen und einem mystischen leuchtenden Lebenssinn, der durch Sanders sparsame, aber magische Interaktionen mit Synthesizern und Sinfonie-Orchester immer wieder aufblüht und den Hörenden ein helles Fenster zur Ewigkeit eröffnen mag.

Im Gegensatz zu John Coltrane und Albert Ayler war Pharoah Sanders niemand, der über sich und seine Musik in großen Worten sprach. In einem seiner letzten Interviews für den *New Yorker* aus dem Jahr 2020 zeigt sich viel von dieser bescheidenen Seite seiner charismatischen Persönlichkeit. Gefragt, was er denn zurzeit höre, antwortet Pharoah zuerst „nichts“ und dann:

> Ich höre auf Dinge, auf die andere vielleicht nicht hören. Ich höre auf die Wellen des Wassers. Den Zug, der einfährt. Oder ich höre, wie ein Flugzeug abhebt …
>
> Ich war schon immer so, besonders als ich klein war. Ich habe es geliebt, das Quietschen alter Autotüren zu hören … Vielleicht ist es etwas, das dich wirklich interessiert, dann hörst du vielleicht so ein Geräusch. Ich habe mich nur gefragt: Wäre das ein guter Sound?
>
> Manchmal, wenn ich spiele, möchte ich etwas machen, aber ich habe das Gefühl, dass es nicht richtig klingen würde, wenn

ich es täte. Ich versuche also immer, etwas, das vielleicht schlecht klingt, auf irgendeine Weise schön klingen zu lassen. Ich bin ein Mensch, der einfach anfängt, alles zu spielen, was er spielen will, um es dann vielleicht zu einer schönen Musik zu machen.

Die Suche nach Wahrheit, nach Wahrhaftigkeit im eigenen Spiel führte immer wieder ganz natürlich zu Schönheit und zu Güte, zur Empathie mit der Welt und den Mitmenschen; Maurice Nicoll würde dies Nächstenliebe nennen. In seinen *liner notes* zu seinem 1965 erschienen Album „Meditations" beschreibt John Coltrane die Motivation seiner Musik als eine fortdauernde Meditation über die göttliche, alles vereinigende Kraft.

> Wenn man sich dieser vereinigenden Kraft (force of unity) im Leben einmal bewusst geworden ist, kann man sie nie wieder vergessen. Sie wird Teil von allem, was man tut. … Mein Ziel, durch die Musik darüber zu meditieren, bleibt jedoch dasselbe. Und das ist, die Menschen aufzurichten (to lift up), zu erheben, so gut ich kann. Sie dazu zu inspirieren, mehr und mehr ihre Fähigkeiten zu erkennen, ein sinnvolles Leben zu führen.

Hier ist der freie Spielraum, in dem sich Spiritualität und Jazz begegnen: Die Trias, der Dreiklang zwischen Wahrheit, Güte und Schönheit ist ein bestimmendes Fundament seit der mittelalterlichen Theologie- und Philosophiegeschichte. Und bis heute erscheint Schönheit wie eine Hülle, wenn sie nur an äußerlichen Phänomenen fest gemacht wird und nichts Wesenhaftes, nichts Wahrhaftiges, kein innerer Kern offenbart wird, ihr Fundament verborgen bleibt. Ebenso wird die Wahrheit der Schönheit kompromittiert, wenn das Streben nach Schönheit nicht „gütlich“ erfolgt, sondern ausbeuterisch oder betrügerisch.

Das *Urschöne* an sich, nach Platon die Idee des Schönen, ist es, das alles Schöne überhaupt erst schön macht – oder anders herum: Durch Teilhabe an der Idee des Schönen wird alles Schöne erst schön. Durch das Üben von geometrischen Formen als Modulationsmatrix für Improvisationen über komplexen Akkordfolgen nähert sich John Coltrane seiner Wahrheit, was für ihn schön ist. Handlungen und Bestrebungen können also „schön“ sein – was bei Platon nichts anderes heißt, dass sie angemessen und schicklich sind in ihrem gesellschaftlichen Kontext, also ein antikes *keeping it real.*

Die Idee des Guten hat bei Platon freilich eine sehr weite Bedeutung, die ganz und gar nicht auf den Bereich der Moralität bzw. der Handlungen beschränkt ist. Die Idee des Guten ist für Platon die Hauptidee, das Grundprinzip allen Seins und allen Seienden. Schönheit und Güte sind nicht nur bei ihm, sondern allgemein in der klassischen Philosophie eng miteinander verknüpft – was in der Rede von der *Kalokagathia* deutlich wird. Dieses Kompositum besteht aus dem griechischen Wort für „schön“, nämlich „kallos“, und dem griechischen Wort für „gut“, „agathos“. Die Kalokagathia war lange Zeit ein das Leben leitendes Ideal, ihre Verwirklichung gleichbedeutend mit dem Erreichen von körperlicher und geistiger Vortrefflichkeit.

Aus der Idee des Guten erwächst die rituelle, die religiöse Seite des Spirituellen. Wenn das Spirituelle zunächst noch ein Griff und ein Sehnen des Menschen nach Transzendenz ist – oder auch nach der kosmisch vereinigenden Kraft oder auch nach dem Gott aus den Kirchen der Kindheit, so führt der Weg über die Suche und das Erzählen von Wahrheit und dem Streben nach der Urschönheit der Musik zum Guten. Und da Wahrheit und Schönheit durch Musik erst in Teilhabe erfahren und ganz begriffen werden können, ist die Idee des Guten zugleich eine Handlungsaufforderung.

Aber ohne die Sehnsucht nach Wahrheit bleibt das Urschöne unentdeckt und „Giant Steps“ und vieles mehr wäre nicht komponiert worden. Ohne die Sehnsucht nach Schönheit, jeden Klang schön zu vollenden wie Pharoah Sanders, zerbrächen sperrige Klänge an ihrer Behauptung und blieben als Trümmerstaub zurück. Ohne die Vorstellung des Guten aber blieben wir als Hörende mit einer Musik ohne Wahrheit und Schönheit zurück.

When I first heard music, I thought it should be very clean, very precise. Something that people could understand, something that was beautiful.

Charlie Parker

Jazz washes away the dust of everyday life.

Art Blakey

Prayer

Religion auf der Jazzbühne

Mir persönlich bedeutet Spiritualität mehr als Religion.

Jan Garbarek, 2010

Religion bietet Deutungsebenen für spirituelle Sehnsüchte und Erfahrungen. Damit Religion lebendig erlebt und gelebt werden kann, muss sie ihren Anhängern Räume für Spiritualität ermöglichen. Musik schafft derartige Räume – Musik spielt in allen Religionen der Welt eine bedeutsame Rolle, oftmals auch rituell, in der religiösen Feier.

Trifft Jazz auf Spiritualität im Kontext von Religionen, dann wird auch das Vokabular des Jazz religiös konjugiert, es entstehen neue musikalische Deutungsebenen im Zusammenspiel mit religiösen Bildern und Texten. Schnell ist die Geschichte der Begegnung des Jazz mit Religionen wie ein Hochseilakt – das tragende spirituelle Fundament ist gefährdet oder bricht ab, es besteht immer die Gefahr von Unfällen.

Der Saxophonist Jan Garbarek, dessen Zusammenarbeit mit dem Hilliard Ensemble in der improvisierenden Begegnung von Gregorianischem Gesang und Solo-Sopransaxophon Millionen Hörende in den letzten Jahrzehnten für eine spirituelle Dimension im Jazzkonzert empfänglicher gemacht hat, wird deutlich, wenn es für ihn um Spiritualität und Jazz geht:

> Ich denke da zum Beispiel an den Moment, als ich das erste Mal John Coltrane hörte – und das war nicht „A Love Supreme", keines der religiösen Stücke, sondern etwas sehr abstraktes. Ich hatte keine Ahnung, was er da musikalisch machte, ich spielte damals noch kein Instrument. Und doch, trotz der unglaublichen Komplexität des Stückes hat es mich emotional sehr berührt, in mir etwas ausgelöst. Das nenne ich Spiritualität. Das kam von der Person durch das Instrument auf die Platte, von Amerika ins norwegische Radio durch den Lautsprecher in mein Wohnzimmer – und es war immer noch Spiritualität in dieser Musik.

Angesprochen auf das Projekt mit dem Hilliard Ensemble betont Garbarek, wie viel Arbeit das Zusammenspiel sei. Kirchen seien für sie aufgrund der Akustik wichtig, und er könne sich vorstellen, dass das Publikum durch den Raum zusätzlich spirituell ergriffen werde. Ihn interessierten die Texte, die gesungen werden, nicht, er sei Saxophonist und ihm gehe es um Wohlklang. Hier ist Garbarek ganz nah an Pharoah Sanders, es geht um Schönheit, die für sich spirituell und wahrhaftig anrühren kann. Die Kirchen als Aufführungsorte seien kompliziert, viele würden ihnen sogar keine Konzerte erlauben, manche wollten sogar die Texte der Musik vorab auf theologische Stimmigkeit überprüfen. Trotzdem spiele er weiter in Kirchen, denn:

> … egal wie schlecht die Dinge sind, die dort geschehen, sie kommen ursprünglich von dem guten Willen, Gutes zu tun. Die Emotionen sind zunächst gut. Nur die Effekte können verheerend sein. Die Leute wollen das Richtige tun, sie wollen so viel wie möglich erfüllt sein vom Göttlichen, gemäß ihrer Interpretation. Aber leider kann es verheerende Folgen haben – wenn andere Leute, die auch das Gleiche wollen, andere Schlüsse daraus ziehen. Dann hast du Kriege.

George Russell, der 1969 den gerade erst 22jährigen Jan Garbarek in sein Europäisches Sextett integrierte und als Solist für Big-Band-Aufnahmen einsetzte, würde hier sicherlich auf eine „höhere Einheit“ hoffen, auf weniger Konfliktpotenzial, wenn Jazz, Spiritualität und Religion aufeinandertreffen.

Aber Spiritualität im Jazz und verfasste Religionen gehen nur selten zusammen eine harmonische Partnerschaft ein, obwohl seit den 1950er-Jahren, in denen sich Jazz in vielen Ländern und Kontinenten etabliert hatte, der Ruf nach einer dezidiert sakralen Musiksprache im Jazz, angelehnt an die europäische *Musica sacra,* bei Künstlerinnen und Künstlern, aber auch von den Religionen lauter wurde. Trotz dieser spannungsreichen Beziehungen bietet die rückblickende exemplarische Betrachtung von diesen Begegnungen Aspekte, die die spirituelle Sprachfähigkeit des Jazz gerade im 21. Jahrhundert perspektivisch noch bedeutsamer machen können.

Martin Luther King Jr. brachte den *Zeitgeist* dieser wachsenden Verbindungen zwischen Jazz und den Religionen in seiner Eröffnungsrede zum Berliner Jazzfestival 1964 auf den Punkt:

> The Blues tell the story of life's difficulties, and if you think for a moment, you will realize that they take the hardest realities of life and put them into music, only to come out with some new hope or sense of triumph. This is triumphant music. Modern Jazz has continued in this tradition, singing the songs of a more complicated urban existence. When life itself offers no order and meaning, the musician creates an order and meaning from the sounds of the earth which flow through his instrument.

Angesichts der Bedeutung des Jazz für die Bürgerrechtsbewegung weist Dr. King auf sein kulturverbindendes, vereinigendes Potenzial hin und schließt:

> Everybody has the Blues. Everybody longs for meaning. Everybody needs to love and be loved. Everybody needs to clap hands and be happy. Everybody longs for faith. In music, especially this broad category called Jazz, there is a steppingstone towards all of these.

Martin Luther Kings Einsichten berührten sich mit den Anliegen der amerikanischen protestantischen Kirchen, die begonnen hatten, ihre Kirchenmusik durch die Integration zeitgenössischer Musik, einschließlich des Jazz, zu erneuern.

Liturgical Jazz, das Album des Tenorsaxophonisten Ed Summerlin, ein engagierter Student George Russells, kann als Geburtsstunde des liturgischen Jazz angesehen werden; es stellte erstmalig vor, wie Jazz als gottesdienstliche Musik klingen konnte. Summerlins 1959 veröffentlichtes Album erhielt von der Jazz-Zeitschrift *Down Beat* 4,5 von 5 Sternen, und ist in der Ästhetik des Cool Jazz komponiert, einer aus dem

Bebop entstandenen introvertierten Stilistik mit oftmals größeren Ensembles und vielen durcharrangierten Teilen im Vergleich zum Solistentum des Bebops. Es enthält liturgische Kompositionen, Choralvariationen und musikalisch dicht untermalte Lesungen und Reflektionen wie in dem Hörbeispiel „Service of Offering", und folgt formal dabei der Form eines Morgengebets nach dem *Book of Common Prayer.*

Ed Summerlin
Service of Offering

Der Erfolg seines Albums ermöglichte es Summerlin, auf Tournee durch Universitäten und Kirchen in den ganzen USA zu gehen. In den folgenden Jahren wurde er zu einem der wichtigsten Förderer des Gottesdienstes mit und durch Jazz und trug dazu bei, dass in den nächsten zehn Jahren die Gründung von Jazzkirchen gefördert wurde. Summerlin erhoffte sich durch die Einbindung des Jazz in die Liturgien eine nachhaltige Belebung der Gottesdienste durch neue Lieder und liturgische Formate, da er die religiöse Feier in den protestantischen Kirchen in einer Krise sah, und fürchtete, dass diese den Anschluss an die zeitgenössische Kultur verlieren würden. Als vielfacher Zeuge von Diskrimierungen afroamerikanischer Künstler wollte Summerlin mit seinem Einsatz für den Jazz im Gottesdienst auch die oftmals strikte Trennung zwischen weißen und schwarzen Gemeinden überwinden.

1973 zog sich Ed Summerlin allerdings enttäuscht zurück, da er keine nachhaltige Veränderung innerhalb der kirchlichen Liturgien sah und sich in seinen Bemühungen im Stich gelassen fühlte. Er komponierte weiterhin spirituell inspirierten Jazz und war bis zu seinem Tod am 10. Oktober 2006 ein engagierter Christ. In der Betrachtung seines musikalischen Lebensweges zeigt sich eine wichtige Facette in der Begegnung von Jazz mit Religion: Es scheint sinnvoller, religiöse Praxis und spirituell-musikalische Praxis zu trennen.

Selbiges Phänomen wiederholt sich fast zeitgleich in Deutschland. Die protestantischen Kirchen durchliefen dieselben Phasen wie ihre Geschwisterkirchen in Nordamerika. Im Nachkriegsdeutschland öffneten sich die Türen zunächst jedoch nur für den traditionellen Jazz, nicht aber für den modernen Jazz, der auch in Deutschland populär war und etliche renommierte zeitgenössische Künstler vorweisen konnte. Stattdessen wurde im geteilten Nachkriegsdeutschland der 1950er-Jahre unter Jazz in kirchlichen Kreisen hauptsächlich Spirituals, Gospels, traditioneller Jazz und Blues verstanden. Das soziokulturelle Erbe und die politische Dimension dieser Musikgenres waren gerade für eine junge Generation von großer Bedeutung, die Frieden und Gerechtigkeit und Einheit mit Christen in anderen Ländern suchte. Bereits am 8. Oktober 1956 kam es zur ersten großen kirchlichen Jazzveranstaltung in der Marktkirche in Halle in der damaligen DDR, mit mehr als 2.000 interessierten Besuchern.

Ein Pionier des Brückenschlags zum Jazz innerhalb der westdeutschen Kirche war der Pfarrer Johannes C. Schimmel, der zwei Einführungen in den Jazz (1962) und in Spirituals und Gospels (1963) veröffentlichte, und mit seinen Konfirmanden in Jazzbands spielte. 1959 wurde dies als Novum für das staatliche Fernsehen in der Neuen Deutschen Wochenschau dokumentiert. Zu Beginn der 1960er-Jahre wurden schon in mehreren westdeutschen Städten wie Krefeld, Duisburg und Düsseldorf *Jazzmessen* gefeiert, und der Komponist Peter Janssens komponierte liturgische Jazzmessen für das Kirchenjahr.

Zeitgleich ließen sich klassische Komponisten im Bereich der Kirchenmusik vom Jazz inspirieren. Der Komponist Heinz Werner Zimmermann hatte 1954 einen Reigen von *Blues-Fantasien* komponiert und überzeugte den damaligen Leiter der Jazz-Abteilung des Südwestfunks, Joachim-Ernst Behrendt, ihm einen Kompositionsauftrag für ein „Geistliches Konzert" zu erteilen. Zimmermann erzählt von den damaligen Schwierigkeiten, ja Entsetzen, wie er es erinnerte, über ein solches Unterfangen, als er Behrendt ein Stück für seine Rundfunk-Jazzband, die *Südwestfunk All Stars* unter der Leitung von Kurt Edelhagen, vorschlug; Jazz und Bibel schienen in Deutschland in dieser Zeit unvereinbar zu sein. Die Uraufführung 1955 wurde wider Erwarten ein großer Erfolg, der Zimmermanns kommende Jahrzehnte nachhaltig in neue musikalische Bahnen lenken sollte.

In Westdeutschland gründete der L. Schwann Verlag 1965 in Zusammenarbeit mit der Evangelischen Kirche im Rheinland das Label SCHWANN/AMS, um eine neue Vision von Kirchenmusik zu dokumentieren und zu multiplizieren. Eine der ersten Produktionen war die „Erste Deutsche Jazzmesse/Jazzmesse 1966" des Düsseldorfer Jazzmusikers Hermann Gehlen für Chor und Kurt Edelhagens Jazzorchester. Die Messe ist bis heute eine attraktive und zu wenig aufgeführte Komposition geblieben, die Elemente der europäischen Kirchenmusik mit dem *Modal Jazz* verbindet.

Hermann Gehlen
Kyrie

Das Tempo des Wandels in der populären Musik mit dem Aufkommen von Rock 'n' Roll, Beatmusik und politischen Protestsongs hatte jedoch zur Folge, dass die Improvisation aus diesen alternativen Gottesdiensten schnell wieder verschwand.

Auf diese Weise kam es zu einer Entkopplung zwischen dem, was in den Kirchen als Jazz präsentiert wurde, und dem modernen Jazz der Festivalbühnen. Das vital klingende Erbe des spirituell inspirierten Jazz dieser Jahre geriet in deutschen Kirchen in Vergessenheit. Das von mir und dem Schweizer Theologen Matthias Krieg gegründete Netzwerk *BlueChurch.ch* ist ein Versuch, neue Verbindungen im deutschsprachigen Raum zwischen Spiritualität, modernem Jazz und kirchlichen Räumen und Initiativen zu knüpfen.

Der liturgische Jazz in den Gottesdiensten dauerte nur etwa ein Jahrzehnt, aber eine andere Dimension des Zusammenspiels zwischen kirchlicher Liturgie und Jazz entwickelte sich aus der anfänglichen Popularität des liturgischen Jazz: *Sacred Jazz*, religiös inspirierter Jazz in Konzertform, ähnlich den traditionellen Konzerten mit geistlicher Musik in der westlichen Musiktradition. Während der liturgische Jazz den kirchlichen Ritualen dient, ist Sacred Jazz künstlerischer Ausdruck religiösen Glaubens und bespielt Themen der christlichen Tradition und Theologie im Wechselspiel mit der individuellen religiösen Praxis seiner Komponistinnen und Komponisten in der Ästhetik der Gegenwartskultur.

1965 hatte Duke Ellington den Auftrag erhalten, auf einem Festival mit neuer Musik aufzutreten, bei dem die Eröffnung der neu erbauten Grace Cathedral in San Francisco gefeiert wurde. Ellington komponierte ein Werk, das er „Sacred Concert“ nannte, eine Suite mit musikalischen Interpretationen biblischer Texte und christlicher Lehre, arrangiert für Big Band, Chor und Stepptänzer, und führte es vor 2500 Zuhörenden auf. Das Konzert wurde für das lokale Fernsehen gefilmt. Abgesehen von den ge-

Duke Ellington
In the Beginning

mischten Kritiken und der damit verbundenen Kontroverse, zu der auch Morddrohungen gegen die örtlichen Priester gehörten, gilt es heute als das erste Werk, bei dem zeitgenössischer Jazz und liturgische Elemente in einem Konzertrahmen kombiniert wurden.

Duke Ellington bestand über seine Agentur darauf, dass sich seine *Sacred Concerts* von der Musik, für die er bekannt und berühmt war, unterscheiden würden. In dem Werbematerial, das in Vorbereitung auf eine Aufführung des *Sacred Concert* an Konzertveranstalter und Journalisten verschickt wurde, insistierte die Agentur: „Bezeichnen sie das Sacred Concert von Duke Ellington nicht als Jazz-Messe oder Jazz-Konzert. Es ist keines von beiden. Duke Ellingtons *Sacred Concert* ist eine ganz und gar eigenständige religiöse Komposition für Orchester, Chor und Solisten."

Ellington sah den Auftrag der Grace Cathedral als eine wichtige Gelegenheit für ihn selbst als Komponist, eine Musik zu schaffen, die sich von allem unterschied, was er bisher geschrieben hatte. Er kam aus einer religiösen Familie, studierte gründlich die Bibel, betete nach eigenen Worten zweimal am Tag und sah seine Kompositionen als einen Prozess des Ringens mit „Mensch und Gott," sozusagen ein Akt des religiösen Erkenntnisgewinns durch das eigens komponierte sakrale Konzert.

Die drei *Sacred Concerts* Ellingtons sind die Endpunkte einer langen Schaffensphase, die schon 30 Jahre zuvor mit *Symphony in Black* (1935), *Black, Brown and Beige* (1943) und *My People* (1963) begann. Seine Sacred Concerts, die ihn bis zu seinem Lebensende beschäftigten, bilden eine finale Trilogie eines künstlerischen Prozesses, der sich nicht nur mit der

Duke Ellington
Come Sunday

Geschichte seiner Familie und seiner Erziehung auseinandersetzte, sondern diese auch mit seinen eigenen Glaubenserfahrungen im letzten Jahrzehnt seines Lebens in Beziehung setzte. Wichtige Früchte dieser Auseinandersetzung sind Kompositionen wie „Come Sunday", das bis heute ein beliebter Jazzstandard ist und auch als kirchliches Lied in Gesangbüchern Einzug gehalten hat.

Dies unterstreicht Ellingtons Wertschätzung seiner religiös inspirierten Musik, die von der Kritik oftmals negativ bewertet wurde, denn er bezeichnete die Sacred Concerts als *„das Wichtigste, was ich je getan habe und wahrscheinlich je tun werde. Das ist persönlich, nicht beruflich. Jetzt kann ich der ganzen Welt laut sagen, was ich seit Jahren auf meinen Knien zu mir selbst gesagt habe."*

Eine ebenso bedeutende Pionierin des Sacred Jazz ist die Pianistin und Komponistin Mary Lou Williams, die 1957 nach einer tiefen spirituellen Krise und Neubewertung ihres Lebens im Alter von 47 Jahren zum Katholizismus konvertierte. Im Gegensatz zu Duke Ellington legte sie ihre vielversprechende Karriere als Jazzpianistin in den Jahren der spirituellen Suche und Neuorientierung auf Eis, wandte sich verstärkt dem Studium der geistlichen Musik zu und widmete zugleich einen erheblichen Teil ihrer Zeit der ehrenamtlichen Arbeit in der kirchlichen Diakonie.

Wie Ellington in *Black, Brown and Beige* (1943) hatte sie bereits zuvor an religiös inspirierter Musik gearbeitet, und zwar mit einer Vertonung eines vom Alten Testament inspirierten Textes von Ray M. Carr, aus der das Werk: *Elijah Under the Juniper Tree* für Chor und Klavier (1948) hervorging.

Williams religiöse musikalische Karriere begann damit, dass sie sich dem Gebet für andere zuwandte, und sie führte ein Buch, in dem sie tägliche Gebete für Hunderte von Freunden sammelte. Erst sieben Jahre später begann ihre Musik zu einer Erweiterung ihrer Gebete zu werden, in der Hoffnung, vergangenen Schmerz mit einer Hoffnung auf eine bessere Zukunft auszusöhnen. Ihr erstes Album nach acht Jahren, *Mary Lou Williams Presents Black Christ of the Andes* (1964), enthielt die Vertonung einer Hymne, die sie für den ersten afro-peruanischen Priester Martin De Porres geschrieben hatte, der als erster nicht-weißer Mann in der katholischen Kirche von Peru als Schutzpatron für soziale Gerechtigkeit und kulturelle Diversität heiliggesprochen worden war.

Mary Lou Williams
Black Christ

Ihr Engagement für den katholischen Glauben und die Kirche führte schließlich zu Lehrtätigkeiten und Kompositionsaufträgen für vier Messen zwischen 1967 und 1971, von denen zwei auf Schallplatten dokumentiert wurden: *Music for Peace* (1970) und *Mary Lou's Mass (1975).* Das Hörbeispiel „Lamb of God" aus „Mary Lou's Mass" zeigen die singuläre Art und Weise, wie Williams die Tradition der Gospels und Spirituals mit freieren Jazzelementen und der liturgischen Musik der katholischen Messe kraftvoll und expressiv kombiniert und damit jenseits des Sacred Jazz auch im Jazz-Vokalbereich neue Wege beschreitet.

Mary Lou Williams
Lamb of God

1975 wurde ihre dritte Messe in einem liturgischen Arrangement mit Lesungen und einer Predigt vor einer Gemeinde von über 3000 Besuchern in der St. Patrick's Cathedral in New York City aufgeführt. Der Erfolg war nicht nur ein

Eckpfeiler in Williams musikalischer Karriere, sondern auch ein wichtiger Schritt zur Akzeptanz und Integration von Afroamerikanerinnen und Afroamerikanern in den katholischen Kirchen der USA.

Im Vergleich zu Duke Ellington, der im Zentrum seines religiös inspirierten Jazz die eigenen positiven religiösen Erfahrungen setzte und die Distanz zur institutionellen Kirche wahrte, hatte Williams ähnlich wie Ed Summerlin gehofft, mehr Jazzelemente in die Liturgien hineinzubringen, aber ihre Bemühungen stießen trotz einer immer größeren Bewunderung in der Jazzwelt und sehr positiv rezipierter Konzerte auf großen Widerstand.

Trotz der großen Popularität der Werke von Williams und Ellington versiegte, wie schon beim *Liturgical Jazz,* die anfängliche Offenheit der Kirchen für neue Formen der sakralen Musik, und es gab immer weniger Kompositionsaufträge für Jazzschaffende. Die großformatigen Werke in eigenwilligen Formen von Ellington und Williams bleiben eine Ausnahme, die meisten der Aufnahmen im Stil des *Sacred Jazz* folgen bis heute stattdessen Vorbildern der europäischen Kirchenmusiktradition, wie Messen, Oratorien, gefolgt von Passionsmusiken und Requiems und erreichen wenig Beachtung jenseits lokaler kirchlicher Aufführungen.

Trotz allem entstehen auch in dieser Tradition neue Werke, wie die Liste der Hörempfehlungen am Ende dieses Buches aufzeigt, die ästhetisch auf Augenhöhe mit anderen großformatigen Jazzkompositionen jenseits sakraler Traditionen stehen. Spiritueller als diese sind sie aber nicht unbedingt, es sei denn, die zugrundeliegenden Texte tragen eine zusätzliche religiös konnotierte Botschaft für die Hörenden in sich.

Die dritte in dieser Zeit sich entwickelnde Stilistik, der *Spiritual Jazz*, hat gegenüber dem liturgischen und dem sakralen Jazz bedeutende Vorteile: Spiritual Jazz ist nicht von Kirchen, Kirchenräumen und gegebenenfalls auch kirchlichen Repressionen abhängig, sondern erklingt konzertant auf der Jazzbühne. Zudem kann Spiritual Jazz nicht nur wie eine Jazzballade mit frommem Text auftreten, also lediglich über die Worte und mit ungewohnteren Klangfarben an eine religiöse Praxis erinnern. Die Musik selbst muss auf der Bühne Parameter aufweisen, die Spiritualität evozieren und verstärken, die direkt aus der religiösen Praxis ihrer Komponistinnen und Komponisten stammen.

Das berühmteste Beispiel aus den Anfängen des Spiritual Jazz ist das Album „A Love Supreme", das John Coltrane in Folge eines spirituellen Erweckungserlebnisses im Jahr 1957 im Dezember 1964 aufnahm und das neben Miles Davis' *Kind of Blue* zu einem der meistverkauften Jazzalben zählt. In seiner detaillierten Analyse sowohl der Studio- als auch der Live-Aufnahme von *A Love Supreme* zeigte der Jazzpianist und Jazzforscher Lewis Porter erstmalig, wie organisch außermusikalische Bedeutung und religiöse Inspiration in Coltranes musikalischer Sprache integriert sind. Porter beschreibt das Narrativ der Komposition als einen durchdachten, strukturierten Plan in vier Phasen: *„Die vier Abschnitte von A Love Supreme … suggerieren eine Art Pilgerreise, in der der Pilger das Göttliche erkennt, sich entschließt, ihm nachzugehen, es sucht und schließlich das Erreichte im Gesang feiert."*

Wie Lewis Porter demonstriert, durchläuft das Moll-Pentatonik-Motiv der Basslinie (der Singruf „A Love Supreme") sequenziert alle zwölf Tonarten im ersten Satz der Suite,

Acknowledgement (Anrufung), während das Bass-Ostinato dasselbe Motiv in einer Tonart wiederholt und Coltranes Stimme in einem *Overdub* darüber „A Love Supreme“ singt. Porter interpretiert dies als musikalische Metapher für die religiöse Erzählung, die er als „pilgrim's progress“ bezeichnet:

> [Coltrane] sagt uns, dass Gott überall ist – in jedem Register, in jeder Tonart – und er zeigt uns, dass man den religiösen Glauben selber entdecken muss. Man kann jemandem nicht gleich zu Beginn mit einem Gesang auf den Kopf schlagen – der Zuhörer muss den Prozess miterleben und dann ist er bereit, den Gesang zu hören. Während wir der Musik zuhören, entfaltet sich ihre Bedeutung für uns.

Coltranes kompositorischer Grundgedanke, „Gott zu danken“, nicht unähnlich Bachs „Soli Deo Gloria“, wird besonders im vierten Satz in der Interpretation des Gebetes *Psalm* realisiert, das in den *liner notes* veröffentlicht, und offenbar kurz vor der Studiosession von Coltrane verfasst wurde. Coltrane improvisiert einen expressiven melodischen Bogen, der sich konsequent eng an den Worten seines Gebetes orientiert. Erst viele Jahrzehnte später wurde dieser Zusammenhang durch Lewis Porter entdeckt – und seitdem wird der Psalm auch liturgisch integriert in Jazzgottesdiensten als Dankgebet mit der Melodie Coltranes gesungen.

John Coltrane
Psalm

Coltrane hatte diese besondere Technik schon einmal verwendet. In seiner Komposition „Alabama“, die er nach der Ermordung von vier Mädchen durch Mitglieder des Ku-Klux-Klan in der Sixteenth-Street Baptist Church in Birmingham aufführte, ließ sich Coltrane angeblich von der Grabrede Dr. Martin Luther King Jr. inspirieren. In der Tat taucht beim Überlagern der Rede von Dr. King mit Coltranes tieftrauriger Melodie ein erstaunliches Maß an Übereinstimmung der musikalischen Phrasen mit den gesprochenen Worten auf.

In den letzten Jahren sind weitere Verbindungen zwischen Coltranes kulturellen und spirituellen Studien und seiner musikalischen Praxis bekannt geworden. Besonders interessant bleiben die Bedeutungen von Coltranes Kreisdiagrammen, die tonalen Bewegungen anhand von Sacred Geometry, wie ich sie am Beispiel von *Giant Steps* erörtert habe. Der Saxophonist und Forscher Hafez Modirzadeh entdeckte kürzlich zudem starke Ähnlichkeiten zu musikalischen Prinzipien und Diagrammen des chinesischen Musiktheoretikers, Mathematikers und Astrologen Jing Fang aus dem ersten Jahrhundert vor Christi Geburt.

Coltranes Musik fußt auf seiner religiösen Haltung und seiner Überzeugung; er glaubte, dass jeder Mensch in der Lage sei, wahrhaftig in Frieden mit sich und anderen zu leben, und schloss daraus, dass seine Musik daher auch jeden erreichen sollte. Er unterstützte Malcolm X' Vision einer universellen Geschwisterschaft, wie es der Historiker Richard Brent Turner betont: Coltrane „*wollte eine universelle Musik schaffen, mit der sich Menschen aller Hautfarben, Nationalitäten und Religionen identifizieren konnten*". Turner zeigte auf, dass Coltrane sich durch das Studium anderer Religionen und Philosophien auch von deren Musikkulturen inspirieren ließ und Wege fand, sich durch seine eigene Musik auf sie zu beziehen. Besonders daran war, dass Coltrane intuitiv schon lange im Einklang mit der Geisteshaltung nicht-westlicher Kulturen lebte, für die alles eine heilige und ganzheitliche Natur hatte, bevor er begann, sich systematisch für diese zu interessieren.

Neben Coltranes Geisteshaltung, die sein Musikschaffen bestimmte, waren es auch die von ihm in der Summe erstmalig kombinierten musikalischen Mittel, die seinen Kompositionen rituelle Potentiale verliehen. Bis heute zeichnet die Stilistik des Spiritual Jazz folgende Eigenschaften und musika-

lische Elemente aus, die alle Mitte der 1960er-Jahre durch die Musik von John Coltrane etabliert wurden:

- Religiöse Narrative und Symbole werden in der Musik kodifiziert, z. B. durch Tonartbewegungen, Tonleitern, Zuweisungen und Zitieren von Klanggestalten mit religiöser Bedeutung.
- Integration von verborgenen Texten und Vokalisierung von Melodien wie in *A Love Supreme*.
- Vokalisierung durch einzelne Worte und Singrufe mit sakraler Bedeutung (OM, A Love Supreme usw.) in überwiegend instrumentaler Musik.
- Das Hinzufügen von Glocken und Gongs und Integration von nicht-westlichen Instrumenten.
- Anwendung von erweiterter Modalität und Polytonalität durch die Integration nicht-westlicher musikalischer Modi und Überlagerung mehrerer Skalen oder Skalenvarianten wie z. B. indische Ragas bei Coltrane's „My Favorite Things".
- Die Verwendung von Bass-Ostinati und *Timelines* als strukturierendes Element.
- Die Anwendung komplexer/polyrhythmischer Grooves und pulsorientiertes Spiel in freier Metrik.

- Ekstatischer Klang. Zusammen mit den Tenorsaxophonisten Albert Ayler und Pharoah Sanders schuf Coltrane einen neuen ekstatisch-lyrischen Saxophon-Sound, der manchmal mit den *Field Hollers* der afroamerikanischen Sklaven verglichen wurde. Dies unterstreicht eine „Wahrhaftigkeit“ oder Aneignung des zu Erzählenden durch die Verkörperung eines besonderen, persönlichen Klangs wie im Blues.

Es fällt auf, wie sehr diese Elemente von Coltranes musikalischer Auseinandersetzung von nicht-westlichen musikalischen und religiösen Kulturen inspiriert sind. George Russells Musiktheorie, die den Weg für den modalen Jazz und damit für die Integration nicht-westlicher Tonalität ermöglichte, war in voller Blüte durch das bahnbrechende Album „Kind of Blue“. Seit Coltranes „A Love Supreme“ steht aber für den Spiritual Jazz die Interaktion zwischen individuellen spirituellen Erfahrungen und deren Vertonung im Mittelpunkt und definiert das Wesen des Spiritual Jazz. Die musikalischen Sprachmittel und die „Botschaft“ der Künstler müssen, wie in der Ästhetik des Bebop, selbstreferenziell sein, sie stammen aus dem Erfahrungsschatz der Künstlerinnen und Künstler selbst.

In der Betrachtung des reichen musikalischen Erbes von John Coltrane wird die Verflechtung von religiösem Interesse und religiöser Praxis mit seiner musikalischen Sprache überdeutlich. Die Klarheit, wie sie sich in der Form der Psalmodie im 4. Satz von „A Love Supreme“ darstellt, gewinnt Coltrane nicht aus Lehrbüchern, sondern aus unzähligen Gottesdiensten, die er als Kind in seiner religiösen Familie erlebt hat. Während Spiritualität und Religion, wie es Jan Garbarek feststellt, ein unzweifelhaft problematisches Verhältnis haben, so ist doch spiritueller Jazz ohne Religion substanzlos. Der Religionswissenschaftler und Jazzmusiker Jason Bivins hat in seinen vielen faszinierenden Fallstudien seines Buches „Spirits Rejoice" zur Schnittmenge von amerikanischen Religionen und Jazz gezeigt, wie wesentlich eine tiefe Auseinandersetzung mit der Religion für die Kunst vieler Avantgarde-

Musiker ist.

Bivins resümiert:

> Je mehr wir zuhören, desto mehr hören wir, dass der Jazz sowohl die Repräsentation des Numinosen herausfordert als auch sich der Überprüfung entzieht … Aber die Musik wurde gespielt, kraftvoll, engagiert, leidenschaftlich, andächtig, und daraus nur zu schließen, dass der Jazz einen Nebel religiöser Zuschreibungen beschwört, die mit der Geschichte verknüpft sind, würde törichterweise untergraben, wie zentral und spürbar diese Eigenschaften des klanglichen Sakralen erfahren wurden, erfahren und praktiziert wurden.

Die Kompositions- und Aufführungsprozesse spiegeln eine notwendige Suche nach einer Kongruenz wider: Der Gegenstand des musikalischen Schaffens entspringt dem dynamischen Beziehungsprozess zwischen einem Individuum und seinen Ideen und Erfahrungen des Numinosen.

Indem die Jazzmusikerinnen und Jazzmusiker einer solchen transzendenten Inspiration folgen, wird ein musikalisches Werk zu einer klingenden spirituellen Erfahrung oder einem rituellen Akt, *Jazz wird zum Gebet.* Ist dieser erste Schritt geschehen (bei Coltrane: „Gott danken"), können objektive Kriterien für die Musik greifen (z. B. Symmetrie, Zahlensymbolik), und es kann gegebenenfalls eine neue ästhetische Strömung entstehen, wie im Beispiel von Ellingtons Sacred Concerts als hybride Werkformen, die es so weder in der Sakralen Musik noch im Mainstream-Jazz gibt.

So verschmilzt im Musikmachen der Prozess der Aneignung und kreativen Transformation einer spirituellen Inspiration, etwa ein Erlebnis des Transzendenten, qualitativ mit dem musikalischen Ausdruck dieser Inspiration durch die Unverzichtbarkeit eines individuellen Ausdrucks für eine menschlich einzigartige Erfahrung. *Keeping it real.* Es entsteht eine höhere, multidimensionale Einheit zwischen dem inneren spirituellen Selbst des Künstlers und der spirituellen Inspiration: Ich klinge, wie ich glaube – ich glaube, wie ich klinge. Aus theologischer Perspektive könnte hier die ontologische Kluft zwischen Schöpfer und Schöpfung lebendig erscheinen, indem dem Numinosen ein persönliches Klangbild gegenübergestellt wird, und zwar nicht, indem es dieses beschreibt und vertont, sondern indem wir uns in einem gemeinsamen poetischen Tanz herum darauf einlassen und damit im Jazz spielen – *A love Supreme.*

Die früh verstorbene Komponistin Franya Berkman geht davon aus, dass die Bewegung des Spiritual Jazz von einem neuen Verständnis von und einer neuen Beziehung zu Religion genährt wurde, die in den 1960er-Jahren aufkam, und untermauert die Beobachtungen des Religionssoziologen Clarke Wade Roof, dass die Suche nach dem Spirituellen über Doktrin, Glaubensbekenntnis oder Religion hinausging und sich stattdessen mit einer inneren Welt der Wahrheit und Bedeutung und einer individualisierten authentischen Identität befasste. Berkman bezieht den kanadischen Philosophen Charles Taylor in ihre Argumentation mit ein, um die Folgen dieser neuen Einstellung zur Religion für das Individuum zu beschreiben. Wie Taylor in „The Ethics of Authenticity" am Beispiel der Treue zur eigenen Originalität darstellt, definiert sich das Individuum durch die Artikulation seiner erkannten und gewünschten Potenzialität. In dieser „Selbst-Verwirklichung" sieht Taylor das moderne Ideal der Authentizität.

Aus soziologischer Sicht wurde angenommen, dass diese Individualisierungsprozesse in den vergangenen Jahrzehnten zu einem Anstieg persönlicher Spiritualität geführt haben, die der britische Soziologe Paul Heelas mit „Erfahrung des Göttlichen als immanent im Leben" beschreibt. Heelas sieht dies als eine Gegenbewegung zu der an Bedeutungsverlust und durch Mitgliederschwund dezimierten institutionellen christlichen Kirche, die er als *„Gehorsam gegenüber einem transzendenten Gott und einer Tradition, die dessen Autorität vermittelt"* definiert. Heelas weist jedoch darauf hin, dass es auch wachsende Kirchen gibt, die konsequent einen Schwerpunkt auf die Begleitung individueller Religiosität legen. Studien des amerikanischen „Center for the Study of Global Christianity" von 2023 zeigen, dass Pfingst- und charismatische Kirchen in globaler Perspektive die christlichen Gemeinschaften sind, die am Stärksten wachsen. Bis zum Jahr 2050 könnten sie mit über einer Milliarde bis zu einem Drittel aller Christen der Weltbevölkerung ausmachen.

Im Gegensatz zur Epoche des Bebop sind die Akteure des Spiritual Jazz alle in unterschiedlichem Maße von Kindheit an oder auch während eines Lebensabschnitts intensiv mit einer Religion verbunden und üben eine religiöse Praxis aus. Charakteristisch dafür ist, dass das spirituell Erfahrene zur Inspiration führt, diese Erlebnisse in Musik oder in eine Musizierhaltung zu übertragen, wie John Coltrane es mit der Psalmodie unternimmt. Ein anschauliches Beispiel gibt der Saxophonist Branford Marsalis, der „A Love Supreme" mit seinem Quartett aufgenommen hatte. Ringend um den richtigen Ausdruck und die Atmosphäre besuchte er einige afroamerikanische Gottesdienste und hatte ein Offenbarungserlebnis für sich, wie die Musik klingen und sich „anfühlen" sollte, die Aufnahmen gelangen auf einmal. Coltrane selber verwandte gegenüber seinen Mitmusikern zur Beschreibung der Interpretation eines Stückes gern: „Play like a chant, play like in church …"

Das individuelle spirituelle Erlebnis als kreative Schaffensgrundlage, aber keine Vertonung einer religiösen Doktrin beförderte auch die Universalität des Spiritual Jazz in seiner Nähe zu anderen Religionen. Ein frühes Beispiel für die Verknüpfung von Jazz mit jüdischen Synagogalgesängen und Gebeten ist die auf einer Sabbat-Liturgie basierende Suite „Hear O Israel" des Pianisten Jonathan Klein, der in den 1960er-Jahren mit Synthesen aus hebräischer Liturgie und Jazz zu experimentieren begann. Die Suite wurde mit Unterstützung einer jüdischen Jugendreformbewegung einige Male aufgeführt und von einem All-Star-Jazzensemble aufgenommen, zu dem ein Trio mit Herbie Hancock am Klavier, Ron Carter am Bass und Grady Tate am Schlagzeug gehörte

Klein erkannte Ähnlichkeiten zwischen dem improvisatorischen Charakter zweier ansonsten unterschiedlicher Kunstformen: Jazz und Kantorentradition. Besonders fasziniert war er von der Idee der kontinuierlichen Kreativität im

Zusammenhang mit der Aufführung. Im Gespräch mit dem Milken-Archiv betont er:

> Der rituelle Akt des Erschaffens dieser Musik während des Gottesdienstes (d. h. die Improvisation) schien mir am besten für den Sabbat geeignet zu sein, an dem wir nach den jüdischen mystischen Traditionen jede Woche die Welt neu erschaffen. Obwohl ich nicht vorschlug, dass dieser Stil oder Modus die nusaḥ hat'filla [die traditionellen aschkenasischen Gebetsmodi] als zentrale Musik für den jüdischen Gottesdienst ersetzen sollte, hatte ich doch das Gefühl, dass seine gelegentliche Verwendung dem Gottesdienst eine einzigartige Spiritualität verleiht. … Das sind keine Melodien, von denen man erwarten könnte, dass eine Gemeinde sie regelmäßig singt oder gar hört, vielmehr könnte sich ein Gemeindemitglied durch die Präsentation einer sehr persönlichen spirituellen Erfahrung ermutigt fühlen, seine eigene Beziehung zum Gebet zu erkunden.

Durch „die Präsentation einer sehr persönlichen spirituellen Erfahrung“ in der Musik die Zuhörenden dazu anregen, ihre eigene Spiritualität neu zu entdecken: Dies sieht Klein als ein Anliegen seines künstlerischen Schaffens, pointierter lässt sich nicht zusammenfassen, was das Wesen des Spiritual Jazz ausmacht. Diese Wesenhaftigkeit ist fragil, sie lädt Hörende ein zur Empathie, zur Resonanz, zum Ergriffenwerden durch die Musik und zum Verbinden mit eigenen spirituellen Erfahrungen. Die Arrangements von Klein beschreiten wie die von Mary Lou Williams neue Wege besonders für mehrstimmige Vokalsätze und zeigen das Potenzial des Jazz der 1960er-Jahre wie in dem ersten Satz der

Jonathan Klein
Candles

Suite „Blessing over the Candles", traditionelle modale Melodik zu integrieren und in einer erweiterten Harmonik neue Expressivität zu verleihen.

Die Verbindung des Spiritual Jazz mit dem Islam entsteht in der Bürgerrechtsära der USA und folgt der afroamerikanischen Befreiungsbewegung, die sich durch Malcolm X und Muhammad Ali als prominente Vorkämpfer mit dem islamischen Glauben verband. Progressive Jazzmusiker der Bebop-Generation wie Kenny Clarke, Art Blakey, Sahib Shihab, Gigi Gryce, Idrees Sulieman, Ahmad Jamal und Yusef Lateef waren frühe Konvertiten zu der in Indien beheimateten Ahmadiyya-Schule des Islam. Schätzungen zufolge gab es Mitte der 1940er-Jahre bereits etwa zehntausend amerikanische Konvertiten, die sich in Chicago, Detroit, Philadelphia und anderen Städten an muslimischen Gemeindeaktivitäten beteiligten. In einem Interview aus dem Jahr 1963 erklärte Art Blakey das große Interesse innerhalb der afroamerikanische Gemeinschaft am Islam:

> Der Islam brachte dem schwarzen Mann das, wonach er suchte, eine Flucht, wie sie manche in Drogen oder Alkohol fanden: eine Art zu leben und zu denken, die er frei wählen konnte. Das ist der Grund, warum wir diese neue Religion so zahlreich angenommen haben. Sie war für uns vor allem ein Weg der Rebellion.

Nach ihrer Konvertierung reisten sowohl Art Blakey (1947) als auch Ahmad Jamal (1959) nach Nordafrika, um den Islam und die dortigen Musiktraditionen zu studieren. Diese Reisen und spätere Pilgerreisen anderer Jazzmusiker wie Yusef

Lateef haben die Geschichte des Jazz tiefgreifend beeinflusst und ebenso afrikanische Musiker dazu gebracht, Jazz zu studieren und zu spielen und die Präsenz islamischer Musiker in Amerika in enger Allianz mit der Bürgerrechtsbewegung der 1960er-Jahre fest zu verankern.

Die Komposition des Jazzsängers Leon Thomas „Malcom is Gone“ steht für die Bedeutung der politischen Dimension des

Islam im Jazz. Thomas kommentiert die ruhige und klagende Eingangsmelodie mit einem Statement, das an die Deutung der Kreuzigung Christi erinnert: *„er ist gestorben, um mich zu retten, um mir meine Würde zurückzugeben*“. Dann bricht er in seine charakteristischen Jodler aus, die von den zentralafrikanischen Twa People inspiriert sind und eine unwirkliche mystische Dimension zu der Aufnahme addierten. Thomas glaubte, seine Vorfahren hätten ihm seine elastische Kehlkopfartikulation mitgegeben. Die eigentliche Erinnerung der Beerdigung tritt nun in den Vordergrund. Gemeinsames Klatschen, musikalische Zungenrede und pfingstlerisch anmutende Ekstase greifen zugleich klanglich auf afroamerikanische spirituelle Traditionen zurück, um das Gefühl des Verlusts eines geliebten und geachteten Mitglieds der *Ummah*, der muslimischen Gemeinschaft, zum Ausdruck zu bringen.

Leon Thomas
Malcom's Gone

Ein weiteres eindrückliches Beispiel ist die Gruppe „Lightmen“ um den Aktivisten des Houston Civil Rights Movements, Bubbha Thomas, der durch die Musik eine neue Möglichkeit nicht nur des Widerstandes, sondern auch der Aussöhnung mit seiner Geschichte und Kultur erfuhr. Das Hörbeispiel „All Praises to Allah“ gibt ein klangliches Zeugnis dieses Prozesses seiner le-

The Lightmen
All Praises to Allah

diglich regional im kulturellen Schmelztiegel Houston auftretenden Band. Ein anderes Ensemble mit tiefen Wurzeln in der Bürgerrechtsbewegung erlebte im 21. Jahrhundert eine Wiederentdeckung, *The Pyramids*, die Jazz mit Afro-Funk, hymnischen Gesang und freier Improvisation verbinden. Auf wundersame Weise bleibt die befreiende Botschaft ihrer Musik aus den 1970er-Jahren auch für ein junges Publikum zeitlos vital. Die Komposition „An Angel Fell" entfaltet eine fast mantraartige Qualität des frühen Spiritual Jazz und verbindet sich zugleich mit zeitgenössischen Klangfarben der elektronischen Popmusik.

The Pyramids
An Angel Fell

Etliche andere Musikerinnen und Musiker konvertierten zur Bahá'í Religion, wie der Trompeter Dizzy Gillespie, der aus seinem Glauben die Vision für seine langjährige Leitung des „United Nations Orchestra" ableitete oder der Saxophonist Oluyemi Thomas, der die Auftritte seines Ensembles „Positive Knowledge" als Ausdruck einer kollektiven Konversation mit Gott betrachtete. Dies veranschaulicht das Hörbeispiel „Another Day's Journey", ein Duo mit der Sängerin und Dichterin Ijeoma Thomas, in dem sich *Spoken Word Poetry* und freie Jazzimprovisation zu einer gemeinsamen Meditation über die Mystische Natur des Göttlichen derartig einladend und von allem Pathos befreit vereinen, dass Zuhörende gleich mitten in das Gespräch gezogen werden und mitmachen könnten.

Oluyemi Thomas
Another Day's

Die Bahá'í Religion ermöglichte die Zugehörigkeit zu einer weltweiten religiösen Bewegung, in der ethnische Herkunft und kulturelle Prägungen unter dem größeren Bogen der „Weltbürgerschaft" und der Menschenrechte existieren konnten. Dieser kulturüberschreitende interreligiöse Geist

Leon Thomas
Master Plan

half dabei, Jazz als eine globale dialogische Kulturtradition für Frieden und Verständigung, für universelle „Güte“ zu verstehen. Zu den Hymnen, die diese Vision zelebrieren, gehört das gemeinsam mit Leon Thomas komponierte „The Creator Has a Master Plan“ von Pharoah Sanders meist beachteten Album „Karma“ von 1969.

Eine entscheidende Mitgestalterin dieser gesellschaftlichen Entwürfe mit globalen Dimensionen war Alice Coltrane, die in den 1960er-Jahren gemeinsam mit ihrem Mann John ihrer beiden christlichen Wurzeln hinter sich ließ und in anderen Weltreligionen Inspiration fand. Alice Coltrane wirft den westlichen Kirchen pauschales Versagen vor, da sie die Bedürfnisse nach Spiritualität und Mitgestaltung einer friedlichen Welt nicht mehr erfüllten; es fehle der authentisch gelebte Glaube: *„Fragen Sie einen Swami, einen Hindu-Mönch oder einen anderen Menschen aus dem Osten nach dem Leben nach dem Tod, und Sie werden Antworten erhalten, die wirklich von direkter Erfahrung handeln, von der Suche nach Gott. Das hat mir geholfen weiterzumachen.“*

Alice Coltrane gründete 1976 aus Begeisterung über die hinduistische Meditationspraxis des Guru Swami Satchidananda ihren eigenen Ashram, den *Interfaith Vedantic Center in Southern California,* in der sie sich auf religiöse Gesänge fokussierte, mit denen sie aber nicht konzertant in Erscheinung trat. Die posthum veröffentlichten Aufnahmen dieser meditativen Gesänge, bei denen sie sich selbst begleitet – „Kirtan: Turiya Sings“ – wurden von ihrem Sohn Ravi in ihrem Nachlass wieder entdeckt. Sie waren zunächst nur im Eigenverlag für die Gäste des Ashrams erschienen und strahlen eine zauberhafte Atmosphäre tiefreligiöser Hingabe aus. Coltrane transformiert ihre Erfahrungen als jugendliche Gospel-Organistin in der Detroiter Mount Olive Baptist Church zu einem eigenständigen neuen Klang: hinduistische Anbetungslieder wie „Jagadishwar", die mit der afroamerikanischen Gospel-Tradition eine tiefe seelenreiche Synthese eingehen, jenseits aller trennender religiöser Dogmen.

Alice Coltrane
Jagadishwar

Neben den religiösen Gesängen bildeten vor allem die klassischen indischen Musiktraditionen eine große Inspirationsquelle für viele westliche Jazzmusiker. In Deutschland waren es besonders Charlie Mariano und in jüngerer Zeit der Kölner Roger Hanschel, die als Saxophonisten Indien bereisten und viel von der Spiritualität der indischen klassischen Musik in den Jazz organisch integrieren konnten. Das Hörbeispiel von Charlie Mariano mit dem Pianisten Wolfgang Dauner ist ein Ausschnitt einer Suite über Gedichte des Dichters Rabindranath Tagore.

Mariano/Dauner
Landscape

Spiritual Jazz kann also als musikalischer Ausdruck individueller spiritueller und religiöser Praxis gesehen werden, die von jedem institutionellen religiösen Rahmen befreit ist, sich aber aus intensiver individueller religiöser Praxis speist.

In seiner Phänomenologie der religiösen Erfahrung, *A Secular Age,* betrachtet Taylor die Religion als eine gültige Sinnquelle für ein Leben „in Fülle", ein im Menschen verankertes Grundbedürfnis. Taylor argumentiert, dass die Sehnsucht nach der Fülle des Lebens, also eine transzendentale Qualität, und ihr Antipode, das Abwenden (Exil) von dieser Suche, eine prägende dialektische Erfahrung der Moderne ist. Der Mittelweg, die säkulare Gesellschaft nach dem Zweiten Weltkrieg in der westlichen Welt, repräsentiert eine Position, in der alle Fülle des Lebens ausschließlich aus menschlicher Erfahrung, Reflexion und Wahrnehmung abgeleitet ist. Dieser Mittelweg hat aus historischer Perspektive eine humanistische Ethik sowie den Glauben an Vernunft und Wissenschaft hervorgebracht. Taylor betrachtet diese Entwicklung als zwiespältig. Sie habe zwar der westlichen Gesellschaft viele Vorzüge gebracht hat, aber auch schwere Mängel dabei verursacht, besonders die des Gefühls, dass alle Ordnung, alle Bedeutung von uns Menschen komme.

Auch für den Jazz trifft meiner Auffassung nach Taylors Beobachtung zu, dass die Sehnsucht nach Fülle, die zu transzendenter Erfahrung führen kann, eine Bewegung hervorruft: entweder weg vom Transzendenten in eine Art spirituelles Exil, in dem „nur an die Musik" geglaubt werden darf, wie es viele bedeutende Jazzmusikerinnen und Jazzmusiker verkünden und jegliche Religiosität ablehnen. Oder eine Pilgerreise hin zum Transzendenten; dann dezentralisiert Spiritualität im Jazz das „Ich" hin zu einem hörendem „Wir" und die Bedeutung hinter den Noten sucht die zuvor beschriebenen spirituellen Freiräume. Taylors „Sehnsucht nach Fülle" entspringt vielleicht derselben Wurzel wie die hier oftmals erwähnte Suche nach Einheit, die einer „horizontalen" Lebensweise entgegensteht.

Im 21. Jahrhundert hat die Bedeutung von Spiritualität in der globalen Gemeinschaft der Jazzschaffenden zugenommen und speist sich aus unterschiedlichen religiösen und spirituellen Praktiken. Einer der prominentesten Musiker dieser aktuellen Generation des Spiritual Jazz ist der Saxophonist Kamasi Washington, der oft als Nachfolger von Pharoah Sanders bezeichnet wird. Washingtons instrumentaler Jazz schöpft aus vielen spirituellen Traditionen und enthält manchmal eine Geschichte, die dem Publikum erzählt wird, wobei die zugrunde liegende Botschaft durch die musikalische Darbietung verstärkt wird, wie zum Beispiel bei Washingtons *Change of the Guard.* Washington und sein enger Freund und Bühnenkollege Cameron Graves folgen beide dem spirituellen Buch „Urantia“ und verbinden die Energie und Klang-Materialität des Hip-Hop passgenau mit einem intensiven modalen Jazz, der an die Tradition der 1970er-Jahre anschließt.

Cameron Graves
Planetary Prince

Das Aufgreifen und Transformieren der Jazztradition zu einer zutiefst persönlichen spirituellen Klangsprache ist das klingende Lebenswerk des brasilianischen Musikers Hermeto Pascoals, den der an Lob über seine Kollegen legendär sparsame Miles Davis als „einen der bedeutendsten Musiker der Welt“ würdigte. Seine Komposition „Slaves Mass“ ist eine wundersam lebensechte Klangcollage in Erinnerung an die vielfältigen spirituellen diversen Wurzeln brasilianischer Musik.

Hermeto Pascoal
Slaves Mass

Direkt aus der eigenen religiösen Praxis der Kindheit gewachsen ist wiederum die schon während der Studienjahre gegründete Band „*Fellowship*“ des Schlagzeugers Brian Blade, die vielfach Gebete und biblische Geschichten in ihrer Musik nacherzählt. Diese Kompositionen können sogar in Jazz-Gottesdiensten als musikalische Meditationen über biblische Passagen eingesetzt werden, wie Jon Cowherds „The Return of the Prodigal Son“, das die Geschichte des verlorenen Sohns (LK 15,11–32) widerspiegelt. Blade bezeichnet diese Stücke als *Gotteslieder (God*

Brian Blade
Prodigal Son

Songs) für sich selbst; auch verfasst er für einige der instrumentalen Melodien erst Texte, die die Musiker der Band nicht unmittelbar erhalten, aber direkt biblischen Passagen oder Gebeten entlehnt sind.

Der Tenorsaxophonist der Band und promovierte Ethnomusikologe, Melvin Butler, beschreibt die Hoffnung für das, was die religiös inspirierte Musik der Band freisetzen kann, und die Blade als „heilsame Kraft" ansieht:

> Die Auftritte der Fellowship Band kreieren durch das Zusammenwirken von Songtitel, Aufführungsstilen und musikalischen Bedeutungen ein soziales und religiöses Feld inmitten einer musikalischen Aufführung. Sie schaffen einen rituellen Rahmen, in dem Jazz zu einem Medium der Transzendenz, einem Weg zur spirituellen Begegnung wird. Einige Fans folgen der Band auf Tournee oder reisen mehrere Stunden, um die Band zu sehen, wo immer wir auftreten, und berichten von positiven lebensverändernden Erlebnissen durch und mit der Musik, was uns mit großer Dankbarkeit erfüllt und die Daseinsberechtigung der Band über so viele Jahre unterstreicht.

Die poetische Dimension religiöser Schriften als Inspiration ist eine weitere wichtige Facette des Spiritual Jazz. Der vielfach ausgezeichnete Jazzsänger und studierte Theologe Kurt Elling schreibt Texte, die sich an Coltranes universalistischen religiösen Überzeugungen orientieren. Seine Musik sieht er als logische Fortsetzung seines Studiums; seine Ausbildung fließe in seine Musik ein, da sich das Milieu des Jazz für die Erforschung der substanziellen großen Fragen gut eigne. Eines seiner bekanntesten religiös inspirierten Kompositionen ist die

Vertonung von Coltranes Improvisation zu *Resolution*, dem zweiten Teil von *A Love Supreme*, die 2003 auf *Man in the Air* aufgenommen wurde.

Kurt Elling
Resolution

Elling ist der Ansicht, dass die religiöse Identität seines Musizierens universalistischer ist als seine eigene lutherische Erziehung und religiöse Praxis. Um die offensichtliche Spannung zwischen diesen divergierenden spirituellen Welten aufzulösen, verweist er auf die poetische Dimension des Jazz, die über die theologische Doktrin hinausgeht und das Heilige auf eine andere Weise anspricht:

> Manchmal halten mich Fans nach einem Konzert an und sagen Dinge wie: „Ich bin so froh, einen christlichen Jazzmusiker zu hören, der sich für Gott einsetzt", oder: „Danke, dass Sie so ein starker Christ sind." Dann muss ich sie unterbrechen und sagen: „Es tut mir leid, aber ich bin zwar in vielerlei Hinsicht Christ und beziehe mich auf diese Tradition, aber ich bin auch kein Christ; so wie ich sowohl Jude als auch kein Jude bin – ein Muslim und kein Muslim." Dann fragen sie: „Was bedeutet das?" Und ich antworte: „Es bedeutet, dass ich ein Künstler bin." Die Rolle des Künstlers bei der Suche nach dem Gold der poetischen Bedeutung in unserem heutigen Leben ist eine hohe intellektuelle und spirituelle Disziplin. Es ist eine Berufung, bei der man in der Lage sein muss, die eigene Angst bei der Suche nach Bedeutung zu überwinden, diese zu erweitern und zu schaffen.

Diese poetische Dimension des Jazz kann auch die Form eines interreligiösen Dialogs durch Musik und Poesie annehmen, wie es bei Tord Gustavsens Aufnahme *What was said* (2016) der Fall ist, bei der

Tord Gustavsen
What was said

Sufi-Poesie auf norwegische lutherische Kirchenlieder trifft. Das Titelstück der CD beginnt mit einer vokalen Vertonung eines Sufi-Gedichts in modaler Harmonie, die von traditioneller Sufi-Musik inspiriert ist, und geht über in eine dramatische Instrumentalinterpretation der berühmten Choralmelodie *O Haupt voll Blut und Wunden*, eine vom Gospel beeinflusste Interpretation von Bachs Choralharmonisierung,

die das Sufi-Gedicht kommentiert und auf prägnante Weise in seiner spirituellen Semantik weitet.

Gustavsens Musik ist von seiner religiösen Praxis als lutherischer Christ inspiriert, und wie Kurt Elling schätzt er religiöse Poesie und die Weisheit anderer Kulturen:

> Es wurde mir immer klarer, dass die Parallelen zwischen der christlichen Mystik und dem Sufismus beträchtlich sind, und es erschien überaus sinnvoll, diese Universen gemeinsam zu erleben, mich in der Meditation und im Gebet den Metaphern und Blickwinkeln in den Gedichten der Sufi-Tradition zu öffnen, die für mich genauso intensiv voller Bedeutung waren wie die der christlichen Traditionen.

In den letzten Jahren hat Tord Gustavsen auch sakralen und liturgischen Jazz komponiert und darüber hinaus eine Teilzeitstelle als Kirchenmusiker einer örtlichen Kirche inne. Diese berufliche Tätigkeit ist für ihn eine große Erfüllung, wie er mir sagte: eine Hochzeit, eine Beerdigung, eine Taufe seien so wichtige Lebensabschnitte im Leben vieler Menschen, und es sei ein Privileg, diese musikalisch mindestens genauso gut wie ein Konzert zu gestalten. Aus dieser Tätigkeit und seiner religiösen Praxis erwächst eine große spirituelle Weite, die mit ihm durch die Welt tourt. Während eines Konzerts im New Yorker Jazzclub „Dizzies" im Lincoln Center fand ein Videointerview statt, in dem er zu seinem Trio-Programm befragt wurde und, etwas skeptisch im Tonfall, warum er denn „O Traurigkeit" aus der Kreuzstabkantate von Bach überhaupt spiele, und dann mit so einem Groove dahinter? Gustavsen antwortet schmunzelnd, dass er als Christ an die Auferstehung glaube, und damit vertrage der Choral auch einen aufmunternden Beat, wie sein Drummer ihn im Studio vorschlug.

Tord Gustavsen
O Traurigkeit

Ike Sturm, dessen Jazz-Messe aus dem Kanon ähnlicher Werke des einundzwanzigsten Jahrhunderts herausragt, war langjähriger musikalischer Leiter der Saint Peter's Jazz Ministry in Manhattan. Sturms Messe für Gesangssolisten, Chor, Streichorchester und Jazz-Ensemble wurde in Europa und den USA in liturgischen und konzertanten Rahmen aufgeführt und basiert auf einer Variation der lutherischen Messe (*senza credo*). Es enthält statt des Glaubensbekenntnisses das instrumentale „Stillness", ein meditatives, ruhiges Stück.

Neben den liturgischen Werken hat Sturm eine Vielzahl von Kompositionen für seine wöchentlichen Jazz-Vespern mit internationalen Gästen geschrieben. Durch diesen Prozess entstehen musikalische Werke, die den liturgischen Rahmen von Gottesdiensten überschreiten und in Sturms Tournee-Repertoire ein Eigenleben entwickeln. Seine musikalische Praxis ist, wie die von Tord Gustavsen, von der Wechselwirkung zwischen konzeptionellen liturgischen Kompositionen und der Art und Weise geprägt, wie sie im gemeinschaftlichen, improvisatorischen Kontext des Gottesdienstes von der Gemeinde und seinen Mitmusikern interpretiert werden. Die

Komposition PSALM 23 ist eine aus gottesdienstlichen Improvisationen entstandene Psalmvertonung mit Sturms Ensemble „Evergreen“ – sie wäre laut Sturm ohne die Praxiserfahrung aus dem Zusammenspiel in Kirchen nicht denkbar und bedarf zugleich keinen rituellen Kontext, um ihren Spannungsbögen für die Hörenden zu entfalten.

Ike Sturm
Psalm 23

118 Eine weitere Jazzmusikerin, die von einer lutherischen Kirche angestellt wurde, um mit Jazz im Gottesdienst zu arbeiten, ist die dänische Sängerin Janne Mark der Brorsons Kirche in Kopenhagen. Seit vielen Jahren komponiert sie Musik, die sowohl in modernen dänischen Kirchengesangbüchern Einzug hält, als auch auf Jazzbühnen erklingt. Ihre CDs *Pilgrim* und *Kontinent* enthalten einen Reigen an Liedern, die eine Brücke zwischen der Tradition der Kirchenlieder und der Musik spirituell inspirierter Singer-Songwriter schlagen.

Janne Mark
Altid allerede

Während traditionelle Hymnen oft die theologischen Lehren ihrer Zeit enthalten, strebt Mark nach einer zeitlosen Sprache, in deren Mittelpunkt die persönliche religiöse Erfahrung steht, inspiriert von der mittelalterlichen Mystikerin Hildegard von Bingen und dem zeitgenössischen schottischen Hymnenschreiber und geistlichen Leiter der Iona-Community, John Bell. Marks Lieder sind fest in der Musiksprache des nordeuropäischen Jazz verwurzelt, durchsetzt mit Volksmusik und älteren Kirchenliedern. Sie laden die Gemeinde zum Mitsingen ein, bieten aber auch ein weites Feld für offene Improvisationen, um die Texte zu vertiefen und zu interpretieren, insbesondere wenn sie mit ihrer Band auf Konzerttournee geht.

Arve Henriksen, der auf beiden CDs von Janne Mark als Trompeter mit seinem unverwechselbaren Klang vertreten ist, widmet sich wie viele nordische Jazzschaffende besonders der Beziehung zwischen der Natur und ihrer mystischen Spiritualität. Ein besonders eindrückliches Werk ist das Album „Places of Worship", auf dem er die Atmosphäre an Naturdenkmälern, einer verlassenen Kirche oder auf einem Friedhof vertont.

Arve Henriksen
Cathedral

Die Hinwendung zu Religionen und die Inspiration aus eigenen spirituellen Erlebnissen im Spiritual Jazz bilden zugleich einen klingenden Kompass für die großen Themen der Gegenwart in lokaler und globaler Perspektive: Gerechtigkeit, Identität, Herkunft und die Weiterentwicklung der Traditionen sowie das In-der-Welt-sein – ob in mystischer Wahrnehmung oder kämpferischer Haltung gegenüber ihrer Ausbeutung. Dabei werden die Kontexte und Narrative der Kompositionen selbst zu spirituellen Inspirationen über die Jahrzehnte hinweg und zwischen verschiedenen Musikkulturen.

Ein Beispiel für dieses Phänomen in der Verbundenheit mit vergangenen Generationen und dem Bewusstsein, deren Musik und „Geist" zu zelebrieren und fortzuführen, prägt das eindrückliche Album „Sounds from the Ancestors" des Altsaxophonisten Kenny Garrett. In seiner Komposition „Hargrove" für den früh verstorbenen Trompeter Roy Hargrove würdigt er zugleich John Coltrane, indem er das „Anrufungs-Motiv" aus „A Love Supreme" in einen ganz neuen tonalen und rhythmischen Kontext integriert.

Kenny Garrett
Hargrove

Einer der „Ancestors" des Jazz ist der 2023 verstorbene Saxophonist und Komponist Wayne Shorter, der in seiner Musik immer wieder konsequent eigene Wege jenseits des Mainstreams gegangen ist und mit weitem Horizont Generationen inspirierte, Jazz als kulturverbindende „Kreative Musik“ aufzufassen. Er praktizierte 50 Jahre, von 1973 bis zu seinem Tod, SGI-Nichiren-Buddhismus, einer religiösen Praxis, der sich in den 1970er-Jahren auch der Bassist Buster Williams und der Pianist Herbie Hancock anschlossen und die bis heute sehr viele Musikschaffende anspricht. Die mehrmals täglich wiederholte Rezitation des Rufes *Nam-myoho-renge-kyo* eröffnet für Shorter die Schatzkammer der Buddha-Natur als unerschöpfliche Quelle kreativer Möglichkeiten, die sich auf alle Aspekte des Lebens übertragen lassen. Gerade die alltägliche Integration einer strikten rituellen Praxis befreit hier also wie eine nötige Engführung dann den Sprung in die volle Polyphonie und den Kosmos unerschöpflicher Möglichkeiten und Spontanität, wie es so oft in Konzerten von Wayne Shorter zu hören war. In einer Begegnung mit ihm sagte er, dass die Art des Interagierens innerhalb seiner Band ein Mikrokosmos sei für das, was er sich für die globale Gesellschaft wünsche: Respekt, offene Herzen, Ohren zu hören und gemeinsam utopisch denken und handeln.

Etwas von dieser globalen Inspiration erklingt alljährlich am 30. April, dem „International Jazz Day“ der Vereinten Nationen für Erziehung, Wissenschaft und Kultur (UNESCO) unter der Leitung der UNESCO-Generaldirektorin Audrey Azoulay und Herbie Hancock. Die UNESCO schreibt:

> Der Internationale Jazztag bringt … Jazzfans aus aller Welt zusammen, um den Jazz, seine Wurzeln, seine Zukunft und seine Wirkung zu feiern und kennenzulernen, das Bewusstsein für die

> Notwendigkeit des interkulturellen Dialogs und des gegenseitigen Verständnisses zu schärfen und die internationale Zusammenarbeit und Kommunikation untereinander zu stärken. Jedes Jahr am 30. April wird diese internationale Kunstform dafür gewürdigt, dass sie den Frieden, den Dialog zwischen den Kulturen, die Vielfalt und die Achtung der Menschenrechte und der Menschenwürde fördert, Diskriminierung beseitigt, die Gleichstellung der Geschlechter unterstützt und die Meinungsfreiheit fördert.

Diese Dimension des Jazz wäre ohne seine explizite Nähe zu den Religionen der Welt und ihren spirituellen Praktiken schwer denkbar. Ich möchte ausgehend von den Überlegungen und fragmentarischen Beispielen der vergangenen Kapitel zudem prognostizieren, dass Jazz als globales Musik-Phänomen im 21. Jahrhundert in seinen vielfältigen Verbindungen mit anderen Musikkulturtraditionen ganz wesentlich durch individuelle Spiritualität seiner Schaffenden geprägt sein wird. Im Vergleich zu Liturgical und Sacred Jazz hat sich Spiritual Jazz in den fünf Dekaden seiner Entwicklung erfolgreich von der Abhängigkeit institutioneller Religionen befreit und einen weiter expandierenden ästhetischen und spirituellen Freiraum erobert, in dem Echos des Religiösen aus der Perspektive der Jazzschaffenden erklingen, und zugleich seiner Gemeinschaft der Hörenden autonome spirituelle Inspiration im Alltag bieten kann.

Wayne Shorters letzte Veröffentlichung, die Triple-CD + 84-seitiger Graphic Novel „Emanon“ (= No Name) ist vielleicht sein wichtigstes, ja bestes Werk – auf jeden Fall eine der bedeutendsten Crossgenre-Arbeiten überhaupt im Jazz.

Wayne Shorter
Lotus

Im Mittelpunkt der beiliegenden Graphic Novel steht die Multiversum-Theorie, die Vorstellung, dass das von uns bewohnte Universum eines von unendlich vielen ist, die alle in parallelen Realitäten existieren. Das Hörbeispiel „Lotus“ soll laut Shorter die Lotusblume abbilden, die auf dem Sumpf und dem ganzen Morast der komplexen Welt als ewige Erleuchtung, Frieden und Schönheit aufblüht. Die Musik für Kammerorchester und Quartett ist eng verästelt und verwoben. Dennoch erlaubt sie trotzdem viel Platz für das funkenschlagende Sopransaxophon Shorters, das über allem segnend und anfeuernd zugleich seine intergalaktischen Bahnen zieht.

Weil Shorter seinen eigenen ästhetischen Weg gegangen ist, wird er nicht typischerweise zum Spiritual Jazz gezählt. Die musikalischen Kategorien, die ich an Coltranes Musik fest gemacht hatte und die so oft Charakteristikum des Spiritual Jazz sind, treffen auf Wayne Shorters Musik nur wenig zu. Für mich ist seine Art, Musik zu schaffen, ein tief spirituelles Ritual, das nun nach seinem Aufbruch aus unserem Universum wie ein Mythos nur noch in Aufnahmen existiert, aber das Wichtigste über die Begegnung von Spiritualität und Jazz verkörpert, das Fundament für alle nachhaltigen kreativen Prozesse: Liebe.

Every man prays in his own language,
and there is no language that God does not understand.

Duke Ellington, 3. Sacred Concert 1965

Nachklang Fetching Hats

Bei der dritten Zugabe seines Trios im Kölner Stadtgarten erklärt Ndudozo Makathini den Brauch in seiner Heimat des „Hut Abholens“. Die Gäste einer Feier vergessen absichtlich die Hüte, die sie für diesen Anlass extra aufsetzen und ablegen. Am nächsten Tag kommen sie langsam über den Tag verstreut wieder, „um ihre Hüte abzuholen“, und feiern so gemeinsam den „Nachklang“ der Feier. Ihm ginge es bei Zugaben so, dass sie sich anfühlen wie eine Bestätigung dafür, dass Töne, nachdem sie akustisch verklungen sind, in den Hörenden und seiner Band weiterklingen. Und es sei schön, in diesen unendlichen Raum des Nachklingens durch die Zugaben nochmals eintauchen zu können und dies gemeinsam mit den Tönen zu feiern, sie sozusagen dadurch wieder einzufangen aus der Ewigkeit …

Ich hoffe, dass etwas von der Musik dieses Buches bei euch Lesenden weiterklingt. Hier sind zum Abschluss drei kleine Hüte bzw. kurze Reflektionen zu den vergangenen Kapiteln, Resonanzen und Positionen zu spezifischen Diskursen in der deutschen Jazzlandschaft, mögliche „Zugaben“ und Ausblicke, um den Klangspuren dieses Buches weiter zu folgen.

„Where does all the pain go?" – Diese betroffene Frage eines weißen Teenagers im Finale der Serie *White Lotus,* in dem die ausgebeuteten indigenen Arbeiter eines hawaiianischen Luxusresorts ihre Hoteluniformen gegen traditionelle Gewänder tauschen, um ein Unterhaltungsprogramm für die Menschen aufführen, die am meisten von der Zerstörung der Insel profitiert haben und die sich nun beschweren, dass die Show nur störe und zu laut sei, erscheint wie eine parabelhafte Frage unserer globalen Gegenwart.

Im Zeitalter des Anthropozän schaut ein Teil der Menschheit, verantwortlich für die Ausbeutung natürlicher Ressourcen, die Beschleunigung des Artensterbens und des Klimawandels sowie anhaltende Kriege desinteressiert weg und beschwert sich über den Lärm der protestierenden Betroffenen und die Unannehmlichkeiten der halbherzigen Maßnahmen, die gegen die Krisen ergriffen werden sollen.

Wohin also mit dem ganzen Schmerz? Wie im menschlichen Körper, in dem Schmerzen in Form von physischen und psychischen Traumata verbleiben, kreieren die menschengemachten Konflikte in der Welt unauflösbare Spannungen. Sie entfachen Feuer, wie es Nduduzo Makhathini nennt.

Makhathinis 2022 erschienenes Blue Note Album „Spirit of Ntu" blickt auf diese Feuer der Gegenwart, auf die die Covid-Pandemie und der damit einhergehende Verlust an Gemeinschaft und Live-Musik wie ein Brandbeschleuniger gewirkt haben. Er denkt mit seinen Kompositionen symbolisch über Feuer nach, vereinigt sich in seiner Musik mit ihren Flammen, will, wie er es beschreibt, *„innerlich brennen, bis sei-*

ne Vorfahren auftauchen und heilen können." Im persönlichen Gespräch führt er aus, dass es seine übergeordnete musikalische Vision und Mission sei, heilsam durch die Musik und insbesondere durch die Konzerte zu wirken, und ergänzt dies im Konzert mit kurzen Metaphern über die mystische Kraft der Musik.

Ich habe für die Beschreibung der Begegnungen von Jazz und Spiritualität in diesem Buch drei Assoziationsräume – Feuer, Wahrheit und Gebet – ausgesucht, die für mich Deutungsebenen eröffnen, um was es bei diesen Begegnungen gehen kann. *Feuer* steht dabei auch inhaltlich und historisch ganz am Anfang und wird den Jazz seit seinem Entstehen immer wieder zugeschrieben. Darüber hinaus eröffnet Feuer eine natürliche Schnittmenge zur Spiritualität, da Feuer und Licht als rituelle Elemente und Metaphern in allen Religionen der Weltkulturen vorkommen.

Ich vertrete mit diesem Buch die These, dass in dem durch den Sklavenhandel forcierten Zusammentreffen der jahrhundertealten spirituellen afroamerikanischen Wurzeln mit der überwiegend christlichen Religiosität der weißen Kolonialisten Nordamerikas spirituelle Freiräume entstanden und in der afroamerikanischen Musik bewahrt werden konnten. Aus diesen fluiden spirituellen Räumen, die zwischen festen rituellen Kulturtraditionen liegen, aus diesen Zwischenräumen, in denen improvisiert, entdeckt und neue identitätsstiftende Formen entstanden, entspringt die universalistische Spiritualität des Jazz. Der Entstehungsort New Orleans mit seiner kreolischen Mixtur diverser Kulturen und Religionen spielt eine Schlüsselrolle für den weiten Horizont der Spiritualität im Jazz.

Was aber ist Jazz? Viele Musikerinnen und Musiker, die diesem Genre medial und werbetechnisch zugerechnet werden, lehnen bzw. lehnten diese Bezeichnung für ihre Musik ab. Mit dem Musiker und Religionsforscher Jason Bivins stimme ich überein, dass es gut ist, sich den Begriff „Jazz", genauso wie „Religion", immer in Anführungszeichen zu denken. Klänge, Musiker, Religionen entziehen sich für Bivins jeder sprachlichen Formulierung, die wir ihnen geben könnten, und überschreiten sie, selbst wenn wir sie in unsere Gegenwart und Geschichte verorten.

Die Debatte um die kulturelle Identität des Jazz ringt seit vielen Jahrzehnten, spätestens aber mit den kontroversen Diskussionen um die Dokumentation „Jazz" von Ken Burns und Wynton Marsalis mit der Frage der Dominanz und Relevanz der afroamerikanischen Tradition in dem Genre. Durch meine Assoziationsräume zur Spiritualität im Jazz, die auch die afroamerikanische Tradition betonen, soll deutlicher werden, was meiner Auffassung nach im Diskurs zu wenig Beachtung findet: Warum wird nicht die Integration von Spiritualität in dem offenen Sinn – zwischen fast religiösem Ausdruck und weiter, lebensweltlicher Achtsamkeit als genuine Qualität der afroamerikanischen Tradition – stärker in die Debatte eingebracht?

Coltranes „Alabama" ist ein Beispiel für mich, wo die spirituelle Dimension des Jazz in der tiefen Empathie mit dem Leid derer, die diskriminiert und unterdrückt werden, besonders konkret wird. Diese Empathie ist ein spiritueller Akt und kein aktivistischer, politischer, denn er entstammt keiner Ideologie, sondern der frei verschenkten Nächstenliebe, wie es die religiöse Praxis in den Religionen der Welt gebietet.

Jazzmusikerinnen und Jazzmusiker bringen oftmals diese tiefe Empathie mit der Welt, die Tord Gustavsen als das lebensnotwendige „offene Herz“ bezeichnet, als Geschenk an die Hörenden ihrer Musik mit. Dies sollte jenseits aller ideologischer Debatten stärker wertgeschätzt werden, denn jedes Konzert aus dieser Haltung heraus ist ein universelles Geschenk an die Gesellschaft, und es kann Hoffnung für den gegenwärtigen Moment schenken, so wie es Jazz genuin laut Dr. Martin Luther King Jr. kann – als Musik der Überwindung des brennenden Leids hinweg zum versöhnlichen Licht.

Truth

Wahr ist, dass laut der Jazzstudie 2022 der Deutschen Jazzunion über 60 Prozent der in Deutschland beruflich tätigen Jazzmusiker und Jazzmusikerinnen weniger als 20.000 Euro im Jahr verdienen und damit weniger als die Hälfte des durchschnittlichen Jahreseinkommens in Deutschland. Die Sorge um die Altersarmut stellt eine reale Gefahr dar. Dabei besitzen etwa 80 Prozent der Jazzschaffenden einen Hochschulabschluss, der international anerkannt ist und auf Augenhöhe mit dem Niveau des Jazz in vielen europäischen Ländern und den USA ist. Dieser ist ähnlich kostenintensiv wie die Ausbildung im Bereich der Klassischen Musik.

Jazz in Deutschland beruflich auszuüben heißt also für eine große Mehrheit der Jazzschaffenden, einer prekären Tätigkeit nachzugehen, deren Aufnahme, Dokumentation, Bewerbung, Rezension und Erforschung höher honoriert werden als das eigentliche Musizieren.

Umso erfreulicher ist es dennoch, wie viele Menschen diese Berufslaufbahn einschlagen und kreativ die Musikwelt in Deutschland bereichern, mit viel Empathie für die Themen der Gegenwart. Diese Achtsamkeit z. B. gegenüber ökologischer Nachhaltigkeit, Gendergerechtigkeit und Diversität sind eine spirituelle Disziplin. Es ist bemerkenswert, dass diese Aspekte oftmals existenziell zum künstlerischen Arbeitsprozess dazu gehören und nicht erst auftauchen, wenn das Einkommen gesichert ist. Zudem gibt es Jazzmusikerinnen und Jazzmusiker, deren Schaffen sich aus der Liebe zur Spiritualität oder dem interreligiösen oder interkulturellen Dialog entfaltet und in diesen Themenfeldern wertvolle Akzente setzen, die institutionelle Partner wie Religionsgemeinschaften oder NGOs nicht leisten können.

Lebensweisen und Lebensinhalte von gesamtgesellschaftlicher Relevanz und musikalisches Arbeiten in Einklang zu bringen ist ein globales Erbe der Tradition des Spiritual Jazz, wie ich es im Kapitel *Truth* habe anklingen lassen. Eine höhere gesellschaftliche Wahrnehmung und Wertschätzung dieser spirituellen Qualitäten des Jazz in der deutschen Kulturlandschaft sind wünschenswert, auch weil sie außerhalb des eigenen Genres eine inspirierende Vorbildfunktion wahrnehmen können. Denn in den künftigen Jahrzehnten werden alle Künste stärker auf die Krisen unserer Gegenwart visionär und lebensbejahend eingehen müssen, um ihre eigene innovative Relevanz jenseits historisch gewachsener Kulturtraditionen zu bewahren.

Gibt es eine Jazz-Spiritualität – oder besser, Jazz-*Spiritualitäten*, wie mir mein zehnjähriger Sohn angesichts des unübersichtlichen Spektrums vorschlägt? Wie wäre(n) sie zu erfassen und zu erleben, wenn schon diese Auswahl an Begegnungen zwischen Jazz und Spiritualität natürlicherweise sehr begrenzt, aber einen weiten und an vielen Stellen nur unscharfen Horizont deutlich macht? Einige Antworten mögen in der Musik der vergangenen Kapitel angeklungen haben. Deutlich geworden ist sicherlich, dass Jazz eigene Zugänge zur Spiritualität und zu Religionen ermöglicht, andere Zugänge, als es die Popmusik, die komponierte Kunstmusik oder auch die westliche sakrale Musik eröffnen. Die Zugänge des Jazz sind poetisch, weit, undogmatisch und dialogorientiert, ja sogar verleiblicht („embodied"). Die Jazzsängerin Simin Tander prägte für mich das Bild, dass der eigene Glauben, die erfahrene, gelebte Spiritualität im Jazz weiterfließen kann.

Es wird Teil eines Gesamtklangs in einem Konzert und wird bei den Hörenden nochmals anders empfangen werden und neue spirituelle Erfahrungen inspirieren können.

Im Austausch mit dem Saxophonisten David Liebman entstand das Motto am Anfang Buches. Es verkörpert für mich ins Deutsche übertragen und in seiner Reihenfolge etwas umgestellt, was neben theoretischen Erwägungen und Hörerfahrungen für alle übrigbleibt, die wie ich gern diese Musik auf unseren Instrumenten spielen oder singen:

> Die Verbundenheit, die du mit der Musik und deinem Instrument hast, ist wie ein Gefühl, das wir nicht in Worte fassen

können. Wir wissen, dass es existiert, aber haben nicht unbedingt klare Beweise dafür. Spirituelle Überzeugungen sind auch etwas Derartiges, an das wir nur glauben können. Genauso, wenn wir unser Instrument spielen. Wir üben bewusst und wissen, dass einige Dinge funktionieren werden, aber wir können uns nie sicher sein, dass sie es immer tun und wie genau sie dann funktionieren werden – aber wir glauben daran!

Große Kunst ist einer Art von spirituellem Bewusstsein und von Kräften, die jenseits der Ebenen des Lebens liegen, an das wir gewöhnt sind, absolut ebenbürtig. Manche Menschen erleben dies deutlicher als andere. Die Verantwortung des Künstlers in jedem Bereich besteht aber darin, mit diesen Aspekten in Berührung zu kommen, Expertise zu erlangen und die Kräfte, die uns alle umgeben, zu enthüllen.

In unserer Zeit wachsen die Bewunderung und die Sorge um die Potenziale von Künstlicher Intelligenz. Jazz scheint eine Musik zu sein, die bislang schwer zu kopieren ist, weil sie zutiefst individuelle Klangsprachen aufweist. Wie Liebman betont, gehören Spiritualität und Glauben als zentrale Aspekte bei der Kreation dieser individuellen Klangsprachen dazu. Ich glaube, dass die Qualität des Jazz der kommenden Zeiten sich noch vermehrt daran messen lassen muss, wie viel menschliche Imagination, wie viel persönliche Hoffnungen, Erfahrungen und Spiritualität dieser zum Klingen bringen vermag. Mit meinen Überlegungen zur Geschichte und zum Wesen des Spiritual Jazz hoffe ich aufzuzeigen, dass dies gelingen kann!

Musik entsteht aus einem amorphen Klangraum aus Klangwerdung und Verklingen. Die Weite dieses Raumes wird bestimmt von unserer Wahrnehmung, wann ein Klang beginnt und endet, wenn ein Gong angeschlagen wird, oder ein Musikstück verklingt, wenn der letzte Ton gespielt ist. Dabei mag der Beginn des Tones noch wahrnehmbar zu sein, aber das Verklingen ist für jeden Menschen unterschiedlich. Ein Klangeindruck in individueller Länge und Tiefenwahrnehmung verbleibt: der Ausklang. Stille wird aus dem Klang geboren, daher gehört sie auch ganz der Musik und die Musik ganz der Stille, denn Stille gliedert den Klang in seinen Rhythmen, bis er in ihr verklingt.

Fast umgekehrt verhält es sich mit spirituellen Erfahrungen – es gibt selten einen fixen Anfangspunkt für eine innere Klarheit, einen Gänsehautmoment oder eine ekstatische Trance. Hier wissen wir eher, wann die Gänsehaut vorbei ist, die Eingebung analysiert ist und schon die ersten Zweifel auftreten. Aus der Trance folgt ein Erwachen und Ankommen in uns und unserer Umgebung.

Musik und Spiritualität sind Phänomene, die jeder Mensch kennt und jeder unterschiedlich erfährt. Um sie zu verstehen und beschreiben zu können, benötigen wir paradoxerweise ihre Abwesenheit, Musik muss dafür innehalten, still werden, ausklingen; von Spiritualität bleibt nur eine Erinnerung, eine Folge ihrer vergangenen überwältigenden Anwesenheit in uns. Beide Phänomene erinnern an unser menschliches Sein: wir leben im Werden und Vergehen, komplett analog, nicht in der digitalen „0“ oder der ganzen „1“, immer in den Zwischenräumen.

Auch wenn wir den digitalen Balken sehen, der die genaue Länge einer Musikaufnahme anzeigt und unerbittlich dem Ende entgegeneilt, schließlich aber still steht und die Musik still geworden ist, oder wenn wir eine Atemübung oder ein Gebet in klar bemessene Zwischenräume des zeitlich eng strukturierten Alltags platzieren: Musik und Spiritualität brauchen ihre eigenen Räume und Zeiten, jenseits „outside“ der Normalzeit, um in uns vorübergehend Heimat zu finden. Dies gelingt am allerbesten im Live-Konzert und auch beim entspannten Hören von Jazz zu Hause.

Diese Hörerfahrungen bleiben einzigartig. Die 50 Hörbeispiele, die die drei Kapitel begleiten, sind ein spärliches Band zwischen Jazz und Spiritualität aus über 100 Jahren Jazzgeschichte. Eine subjektive Auswahl mit dem belasteten Wissen, viele Musikerinnen und Musiker übersehen oder ausgelassen zu haben.

Geleitet hat mich bei der Auswahl nicht das Label „Spiritual Jazz“. Wenn sich Spiritualität und Jazz begegnen, dann geht es um *Alles*, habe ich eingangs geschrieben. Damit meinte ich nicht *Image*, *Stardom*, hippes Auftreten, coole Sprache, Zigarette im Mundwinkel, Rotwein am Klavier, Koks im Backstage, politische Ideologien, Sentimentaliät, Nostalgie … sondern achtsames ehrliches Ringen mit allem, was unsere

Existenz ausmacht, gefährdet und sichert. Und die aller Lebewesen dieser Erde.

> God is at the centre. Either you're running from him or you're going towards him, but still, there's this centrality to His power … I think it speaks to art and to music in general.
>
> That's kind of where we're coming from, and how we hope to also give praise with what we do, whenever we have this opportunity to play or share the music. The potential for it to be so much bigger and deeper and to reach people is such a great gift …
>
> Not just in the notes, but what's inside of what's being played, and the intention and the heart behind the thing.
>
> Brian Blade

Meiner Frau Lauren mit unseren Kindern Henry, Elisabeth und Leo,

Martin Scherer für alle Ermutigung und kritische Begleitung,

Matthias Krieg mit dem Netzwerk BlueChurch für die Liebe zum Jazz, Ike Sturm, Tord Gustavsen und Janne Mark für ihre Klänge und ihren Glauben und Jutta Hollick und dem Team des Claudius Verlages München für die großartige Umsetzung dieses Projekts.

Lese- und Hörtipps

Zum Weiterlesen

Alexander, Stephon: *The Jazz of Physics: The Secret Link Between Music and the Structure of the Universe.* New York, NY 2017.

Appel, Alfred: *Jazz Modernism: From Ellington and Armstrong to Matisse and Joyce.* New Haven 2004.

Armstrong, Louis: *In His Own Words.* New York 2001.

Bivins, Jason: *Spirits Rejoice! Jazz and American Religion.* Oxford 2015.

Budds, Michael J., ed.: *Jazz and the Germans: Essays on the Influence of Hot American Idioms on 20th-century German Music.* Hillsdale, NY 2002.

Burnim, Mellonee V. and Portia K. Maultsby: *African American Music: An Introduction.* Abingdon 2015.

Burns, Ken, dir.: *Jazz.* Written by Geoffrey C. Ward, featuring Samuel Jackson, Derek Jacobi, and Wynton Marsalis. Aired January 9, 2001, on PBS.

Burton, Gary: *Learning to Listen: The Jazz Journey of Gary Burton.* Boston 2013.

Cohen, Harvey G: *Duke Ellington's America.* Chicago 2010.

DeVito, Chris, ed.: *Coltrane on Coltrane – The John Coltrane Interviews.* Chicago 2012.

Dregni, Michael: *Gypsy Jazz: In Search of Django Reinhardt and the Soul of Gypsy Swing.* London 2008.

Ellington, Duke: *Music is My Mistress.* New York 1973.

Giddins, Gary: *Visions of Jazz.* Oxford 1998.

Gioia, Ted: *The History of Jazz,* 3rd Edition. New York 2021.

Grün, Anselm: *Höre, so wird deine Seele leben. Die Spirituelle Kraft der Musik.* Münsterschwarzach 2008.

Hancock, Herbie: *Possibilities.* New York 2014.

Hancock, Herbie, mit Wayne Shorter und Daisaku Ikeda: *Reaching Beyond: Improvisations on Jazz, Buddhism, and a Joyful Life.* Chicago 2017.

Harris, Michael W.: *The Rise of Gospel Blues: The Music of Thomas Andrew Dorsey in the Urban Church.* New York 1994.

Heelas, Paul: "The Spiritual Revolution: From Religion to Spirituality" in *Religions in the modern world,* edited by Linda Woodhead. New York 2002, Seiten 412–436.

Heining, Duncan: *George Russell: The Story of an American Composer.* Lanham, MD 2009.

Iyer, Vijay: "Microstructures of Feel, Macrostructures of Sound: Embodied Cognition in West African and African-American Musics." PhD diss., University of California Berkeley, 1998.

Jackson, Jerma A.: *Singing in My Soul: Black Gospel Music in a Secular Age.* Chapel Hill 2004.

Kahn, Ashley: *A Love Supreme.* London 2002.

Kapela, Erin Susan: *Challenging Confidentiality and Dual Relationships in the Treatment of Addiction: A Case Study.* Master's thesis, City University of Seattle Victoria, BC, 2019. 10.13140/RG.2.2.10726.98887.

Kernodle, Tammy Lynn: *Soul on Soul: The Life and Music of Mary Lou Williams*. Boston 2004.

Kölsch, Stefan: *Good Vibrations: Die heilende Kraft der Musik*. Berlin 2020.

Liebman, Dave: *Developing a Personal Saxophone Sound*. Medfield 1989.

Mercer, Michelle: *Footprints: The Life and Work of Wayne Shorter*. New York 2004.

Oliveras, Pauline: *Deep Listening: A Composer's Sound Practice*. Bloomington 2005.

Porter, Lewis: *John Coltrane: His Life and Music*. Ann Arbor 1998.

Schumann, Coco: *Der Ghettoswinger: Eine Jazzlegende erzählt*. München 2018.

Sieroka, Norman: *Zeit-Hören: Erfahrungen, Taktungen, Musik*. Berlin, Boston: De Gruyter, 2024.

Snyder, Bob: *Music and Memory, An Introduction*. Cambridge 2001.

Spencer, Jon Michael: *Protest and Praise: Sacred Music of Black Religion*. Minneapolis 1990.

Spitzer, Manfred: *Musik im Kopf: Hören, Musizieren, Verstehen und Erleben im neuronalen Netzwerk*. Stuttgart 2004.

Steinmetz, Uwe, und Alexander Deeg: *Blue Church*. Leipzig 2018.

Steinmetz, Uwe, und Gotthard Fermor: *Die Spiritualität des Jazz*. Heidelberg 2023.

Turner, Richard Brent: *Jazz Religion, the Second Line, and Black New Orleans: After Hurricane Katrina*. Bloomington 2016.

Weisenfeld, Judith: "Religion in African American History." In *The Oxford Research Encyclopedia of American History*. Oxford: Oxford University Press, 2015.

Hörbeispiele "Fire, Truth, Prayer"

Seite 30 Hörbeispiel 1

Ring Shout: *Good Lord/Run Old Jeremiah* (Afro-American Spirituals, Work Songs And Ballads, Library of Congress, AFS L3, 1943)

Seite 31 Hörbeispiel 2

Work Song: Lightning and Group, *Long John* (Afro-American Spirituals, Work Songs And Ballads, Library of Congress, AFS L3, 1943)

Seite 32 Hörbeispiel 3

Tommy Johnson: *Canned Heat Blues* (Victor, Schellack 10" V-38535, 1928)

Seite 36 Hörbeispiel 4

Dock Reed, Henry Reed and Vera Hall: *Trouble So Hard* (Afro-American Spirituals, Work Songs And Ballads, Library of Congress, AFS L3, 1943)

Seite 37 li. o. Hörbeispiel 5

Fisk University Jubilee Quartet: *Swing Low Sweet Chariot* (Victor, V-16153, 1909)

Seite 37 li. u. Hörbeispiel 6

Marion Anderson: *Deep River* (Victor, V-19227, November 1923)

Seite 37 re. o. Hörbeispiel 7

Paul Robeson: *Sometimes I Feel Like a Motherless* Child (Spirituals, Columbia Masterworks, 4x Schellack 10", M-610, 1946)

Seite 38 Hörbeispiel 8

Ma Rainey: *Bad Luck Blues* (Paramount 12081, Schellack 10", 1924)

Seite 39 Hörbeispiel 9

Thomas A. Dorsey: *Precious Lord* (aus dem Film-Soundtrack: Say Amen, Somebody, RG Records SB2L 12584, 2x Vinyl LP, 1983)

Seite 43 Hörbeispiel 10

Sam Wooding and his Chocolate Dandies: *Shanghai Shuffle* (rec. in Berlin 1925, Biograph – BLP-12025)

Seite 44 Hörbeispiel 11

Coco Schumann 1944: *Bei mir bist Du schön* (Double, 50 Years in Jazz, Trikont, US 0238, Doppel-CD, 1997)

Seite 45 Hörbeispiel 12

Louis Armstrong: *St. James Infirmary* (Satchmo plays King Oliver, Audio Fidelity AFSD 5930, 1960 und alternativ aus: Odeon, 3C034-04407M, NYC, 1928)

Seite 46 Hörbeispiel 13

Louis Armstrong: *Cain and Abel* (Hallelujah!, Frémeaux & Associés CD FA 001, 1992)

Seite 48 o. Hörbeispiel 14

Charlie Parker 1945: *Ko-Ko* (The Complete Savoy Studio Recordings, Savoy Records, 5x LP, S5J 5500)

Seite 48 u. Hörbeispiel 15

Buddy DeFranco and His Orchestra: *A Bird in Igor's Yard* (composed by George Russell, rec. New York City, April 23, 1949, HEP Record, CD 77)

Seite 57 li. Hörbeispiel 16

Sarah Vaughn: *My Favorite Things* (After Hours, Roulette, SR 52070, LP, 1961)

Seite 57 re. Hörbeispiel 17

John Coltrane: *My Favorite Things* (My Favorite Things, Atlantic, 1361, LP, 1961)

Seite 61 Hörbeispiel 18

John Coltrane: *Giant Steps* (Giant Steps, Atlantic, SD 1311, LP, 1960)

Seite 64 Hörbeispiel 19

John Coltrane: *Venus* (Interstellar Space, ABC Impulse!, ASD-9277, LP, 1974)

Seite 69 Hörbeispiel 20

George Russell: *Living Time, Event XIII* (It's About Time, Label Bleu, CD, BLC 6587, 1996)

Seite 72 Hörbeispiel 21

George Russell & Sheila Jordan: *You are my Sunshine* (The outer View, Riverside Records, RS 9440, LP, 1962)

Seite 78 Hörbeispiel 22

Albert Ayler: *Love Cry/Truth is Marching in/Our Prayer* (Holy Ghost, Revenant, RVN 213, 9-CD-Set, 2004)

Seite 80 Hörbeispiel 23

Pharoah Sanders: *Greetings to Idris* (Journey to the One, Theresa Records, TR108/109, LP, 1980)

Seite 81 Hörbeispiel 24

Pharoah Sanders: *Promises, Movement I* (Floating Points, Pharoah Sanders & The London Symphony Orchestra – Promises, Luaka Bop, LBOP097, LP, 2021)

Seite 89 Hörbeispiel 25

Ed Summerlin: *Service of Offering* (Liturgical Jazz, Ecclesia Records, ER-101,1959)

Seite 91 Hörbeispiel 26

Hermann Gehlen mit dem Kurt Edelhagen Orchester: *Kyrie* (Jazzmesse 1966, Schwann AMS Studio ams-studio 600, LP, 1969)

Seite 92 Hörbeispiel 27

Duke Ellington: *In the Beginning God* (Duke Ellington's Concert of Sacred Music, RCA Victor, LSP-3582, LP, 1966)

Seite 94 Hörbeispiel 28

Duke Ellington: *Come Sunday* (Duke Ellington And His Orchestra Featuring Mahalia Jackson – Black, Brown And Beige, Columbia, CL 1162, 1958)

Seite 95 o. Hörbeispiel 29

Mary Lou Williams: *Black Christ Of The Andes (*Mary Lou Williams, Folkways Records, FS 32843, LP, 1964)

Seite 95 u. Hörbeispiel 30

Mary Lou Williams: *Lamb of God* (Mary Lou Williams, Mary Lou's Mass, Mary Records, M 102, LP, 1975)

Seite 98 Hörbeispiel 31

John Coltrane: *Psalm* (A Love Supreme, Impulse!, AS-77, LP, 1965)

Seite 106 Hörbeispiel 32

Jonathan Klein: *Blessing over the Candles* (Hear, O Israel, A Prayer Ceremony in Jazz. Reissue als CD JBH025 CD, 2008)

Seite 108 m. Hörbeispiel 33

Leon Thomas: *Malcolm's Gone* (Spirits Known and Unknown, Flying Dutchman, FDS-115, LP, 1969)

Seite 108 u. Hörbeispiel 34

Lightmen plus One: *All Praises to Allah* (Lightin' Records, No. 001, Vinyl, 7", 1972)

Seite 109 o. Hörbeispiel 35

Idris Ackamoor and The Pyramids: *An Angel Fell* (Strut, STRUT 164LP, 2x LP, 2018)

Seite 109 m. Hörbeispiel 36

Oluyemi Thomas: *Another Day's Journey* (Positive knowledge, Naxos, CD-4842, 2011)

Seite 110 Hörbeispiel 37

Leon Thomas: *The Creator has a Master Plan* (Spirits Known and Unknown, Flying Dutchman, FDS-115, LP, 1969)

Seite 111 o. Hörbeispiel 38

Alice Coltrane: *Jagadishwar* (Turiya Sings, B. Free, 5207, CD, 2015)

Seite 111 m. Hörbeispiel 39

Wolfgang Dauner & Charlie Mariano: *Meditation on a Landscape*
 (Tagore, Mood Records 28657, LP, 1986)

Seite 113 o. Hörbeispiel 40

Cameron Graves: *Planetary Prince* (Planetary Prince, Mack Avenue Records, MAC1123, CD, 2017)

Seite 113 m. Hörbeispiel 41

Hermeto Pascoal: *Slaves Mass* (Slaves Mass, Warner Bros. Records, BS 2980, LP, 1977)

Seite 113 u. Hörbeispiel 42

Brian Blade: *Return of the Prodigal Son* (Season of Changes, Verve, B0010696-02, CD, 2008)

Seite 115 o. Hörbeispiel 43

Kurt Elling: *Resolution* (Kurt Elling feat. Stefon Harris And Laurence Hobgood – Man In The Air, Blue Note, 72435 9094823, CD, 2003)

Seite 115 u. Hörbeispiel 44

Tord Gustavsen: *What Was Said To The Rose / O Sacred Head* (What Was Said, Tord Gustavsen Trio, ECM 2465, CD, 2016)

Seite 117 Hörbeispiel 45

Tord Gustavsen: *O Traurigkeit* (The Other Side, Tord Gustavsen Trio, ECM 2608, CD, 2018)

Seite 118 o. Hörbeispiel 46

Ike Sturm + Evergreen: *Psalm 23* (Shelter of Trees, Kilde Records, CD, 2015).

Seite 118 m. Hörbeispiel 47

Janne Mark: *Altid allerede elsket* (Kontinent, ACT (4), 9742-2, CD, 2020)

Seite 119 o. Hörbeispiel 48

Arve Henriksen: *Abandoned Cathedral* (Places of Worship, Rune Grammofon – RCD 2147, 2013)

Seite 119 u. Hörbeispiel 49

Kenny Garrett: *Sounds from the Ancestors* (Sounds From The Ancestors, Mack Avenue, MAC1180, CD, 2021)

Seite 122 Hörbeispiel 50

Wayne Shorter: *Lotus* (Emanon, Blue Note, B002776802, 3x CD, 2018)

Zutaten:

- Nette oder keine Nachbarn je nach Uhrzeit und Lautstärke
- Jazzaffiner Freundeskreis mit Hang zur musikalischen Ergriffenheit
- Zeit zum Musikhören – 1 Set = 40–60 Minuten
- Eine kuratierte Jazz-Playlist bevorzugt als CD, Vinyl oder High-Resolution Audio-Stream abspielbar über Lautsprecher angenehmer Klangqualität oder einen Verstärker mit Kopfhörer-Hub und von den Gästen mitgebrachte Kopfhörer
- Getränke und Snacks ad libitum oder ad infinitum als Präludium und Postludium zum Austausch über das Gehörte
- Erweiterung: Thematische Playlist – z. B. über alle Stücke über ein übergeordnetes Thema wie z. B. Gebet, Freiheit, Heilung … und gemeinsamer Austausch anschließend über die Musik und die persönliche Bedeutung dieser Themen.
- Alternative: Gemeinsam Live-Jazz anhören im Jazzclub oder eine Band für ein Wohnzimmerkonzert einladen.

Fünf Vorschläge für thematische HÖR-BAR Sessions

Einfach mit eigenen Titeln ergänzen oder ersetzen, und mit den Gästen über das spirituelle Thema und die Musik ins Gespräch kommen nach dem Hören …

I. Klage und Gebet

Alabama, John Coltrane: Live at Birdland. Impulse Records. Vinyl. LP AS-50, 1964.

Wade in the Water, Uros Marcovic: Jesus Saves. CTA Records. CD, 2008.

At the Centerline, Brian Blade: Mama Rosa. Verve Forecast B0012613-02, CD, 2009.

Our Father, Markus Stockhausen: Joyosa. ENJA Records. ENJA-9468 2, CD, 2004.

Beloved, Kurt Elling: Secrets Are the Best Stories. Edition Records. CD, EDN1151, 2022.

II. Die Bibel im Jazz

Cain and Abel, Louis Armstrong: Hallelujah Gospel. Frémeaux & Associés – FA 001, CD, 1992.

Wisdom (Proverbs 1.20), John Surman: Proverbs and Songs. ECM Records, ECM 1639, CD, 1998.

Return of the Prodigal Son, Brian Blade and the Fellowship Band: Season of Changes. Verve Records, LC-00383, CD, 2008.

J. E. Nilmah (Ecclesiastes 6:10), Ambrose Akinmure: The Imagined Savior is Far Easier to Paint. Blue Note, CD, LC00133, 2014.

Psalm 23, Ike Sturm & Evergreen: Shelter of Trees. Kilde Records, CD, 2015.

III. Anrufung des Heiligen

How I got over, David Murray: Speaking in Tongues. Justin Time. CD, JUST 188-2, 1999.

Higher Vibe, Kurt Elling: Man in the Air. Blue Note Records. CD, 72345909482 2, 2003.

Change of The Guard, Kamasi Washington: The Epic. Brainfeeder. 3x CD, BFCD050, 2015.

Rejoice (Magnificat), Ike Sturm & Evergreen: Shelter of Trees, Kilde Records, CD, 2015.

Unonkanyamba, Nduduzo Makhathini: In The Spirit Of Ntu. Blue Note Records, B003526602, CD, 2022.

IV. Mystik im Jazz

Silence, Charlie Haden: Silence. Soul Note. CD, 121 172-2, 1989.

Alpha and Omega, Brian Blade Fellowship Band: Season of Changes. Verve Records, LC-00383, CD. 2008.

What was said to the Rose, Tord Gustavsen: What was said. ECM Records. ECM 2465, CD, 2016.

Fugitive Ritual, Selah, Immanuel Wilkins: The 7th Hand, CD, 602438327508, Blue Note, 2021.

Seven Prayers, Kamasi Washington: The Epic. Brainfeeder. 3x CD, BFCD050, 2015.

V. „Faith in my fashion"

Echoes, Leon Thomas: Spirits Known and Unknown. Flying Dutchman. Vinyl, FD/LP, FDS 10115, 1969.

Resolution, Kurt Elling: Man in the Air. Blue Note Records. CD, 72345909482 2, 2003.

The Transfiguration, J. J. Wright: Inward Looking Outward. Rope a dope Records. CD, ROD-246, 2014.

Ascension, John Coltrane: Ascension. Impulse! Records. Vinyl. LP, AS-95, 1965.

Pilgrim, Janne Mark: Pilgrim. ACT. CD, ACT 9735-2, 2018.

25 Jahre Spiritual Jazz chronologisch von 1954–1979

1) Lewis, George: *Jazz at the Vespers*. Riverside Records RLP 12-230, LP, 1954.

2) Teagarden, Jack: *Swing Low, Sweet Spiritual*. Capitol Records LP T820, LP, 1957.

3) Armstrong, Louis: *Louis and the Good Book*. Louis Armstrong and the All Stars with the Sy Oliver Choir. Decca LP 8741, LP, 1958.

4) Ellington, Duke: *Black, Brown and Beige*. Duke Ellington Orchestra Columbia CS 8015, LP, 1958.

5) Hawes, Hampton: *The Sermon*. Contemporary Records VDJ-1124, CD. Recorded 1958, released 1988.

6) Abdul-Malik, Ahmed: *Jazz Sahara*. Riverside Records RLP 12-287, LP, 1958.

7) Coltrane, John: *Giant Steps*. Atlantic LP 1311, LP, 1959.

8) Summerlin, Ed: *Liturgical Jazz*. Ecclesia Records ER-101, LP, 1959.

9) Silver, Horace: *Blowin'the Blues Away*. Blue Note BST 84017, LP, 1959.

10) Smith, Jimmy: *The Sermon*. Blue Note BLP 4011, LP, 1959.

11) Cole, Nat King: *Everytime I feel the Spirit*. Capitol Records W 1249, LP, 1959.

12) Green, Grant: *Feelin' The Spirit*. With Herbie Hancock, Butch Warren, Billy Higgins, and Garvin Masseaux. Blue Note BLP 4132, LP, 1962.

13) Taylor, Billie: *Right Here, Right Now!* Capitol Records T 2039, LP, 1963.

14) Ayler, Albert: *Spirits.* Debut DEB 146, LP, 1964.

15) Ayler, Albert: *Swing Low Sweet Spiritual.* Osmosis Records LP 4001, LP, 1964.

16) Byrd, Donald: *A New Perspective.* Blue Note BLP 4124, LP, 1964.

17) Coltrane, John: *Crescent.* Impulse! LP A-66, LP, 1964.

18) Gilson, Jef: *Œil Vision.* Disques Du Club De L›Échiquier LP AF 1, LP, 1964.

19) Williams, Mary Lou: *Black Christ of the Andes.* Folkways Records LP 32843, LP, 1964.

20) Ayler, Albert: *Spiritual Unity.* ESP Disk ESP-1002, LP, 1965.

21) Coltrane, John: *Ascension.* Impulse! AS-95, LP, 1965.

22) Coltrane, John: *A Love Supreme.* Impulse! AS-77, LP, 1965.

23) Byrd, Charlie with Malcolm Boyd: *Are You Running With Me, Jesus?* Columbia Records CL2548, LP, 1965.

24) Horn, Paul: *Jazz Suite On The Mass Texts.* RCA Victor LSP-3414, LP, 1965.

25) Guaraldi, Vince: *At Grace Cathedral.* Fantasy B001E7IKLO, LP, 1965.

26) Janssens, Peter: *Erste Duisburger Messe.* Schwann ams-studio 15013, LP, 1965.

27) *Freut Euch der Herr ist Nah.* ams-studio 15009, LP, 1965.

28) *Jazzmesse (Lent).* ams-studio 15010, LP, 1965.

29) Bethlehem Progressive Ensemble: *Mod Lit.* Fortress Records LP 121-142-74, LP, 1966.

30) Scholtes, Father Peter: *Missa Bossa Nova.* Flair Record Productions RPM, EP 810F-6235, LP, 1966.

31) Coltrane, John: *Meditations.* Impulse! AS-9110, LP, 1966.

32) Ellington, Duke: *Duke Ellington's Concert of Sacred Music*. RCA Victor LSP-3582, LP, 1966.

33) Klein, Jonathan: *Hear, O Israel: A Concert Service in Jazz*. Jonathan Klein. National Federation of Temple Youth NFTY, LP. Reissused as Hear, O Israel, A Prayer Ceremony in Jazz. CD JBH025CD. 2008.

34) Tirro, Frank: *American Jazz Mass*. Frank Tirro, Century Records 24026, LP, 1966.(composed already 1959, premiered 1960 February 28, 1960 at the University of Nebraska

35) The Young Tuxedo Brass Band: *Jazz Begins – Sounds Of New Orleans Streets: Funeral And Parade Music*. Atlantic SD 1297, LP, 1966.

36) Ayler, Albert: *Albert Ayler in Greenwich Village*. Impulse! AS-9155, LP, 1967.

37) Newman, Joe with John Gensel*: Sing to the Lord a New Song*. Fortress Records LP 12-2148-74, LP, 1967.

38) Masters, Joe: *The Jazz Mass*. Columbia CS 9398, LP, 1967.

39) Coltrane, John: *Om*. Various Impulse! AS-9140, LP, 1967.

40) Fitzgerald, Ella: *Brighten The Corner*. Capitol Records SMK 74 265, LP, 1967.

41) Mikkelborg, Palle: *The Mysterious Corona*. Debut Records SDEB 150, LP, 1967.

42) Quintet "Crescendo": *Variations On The Theme Of The Azerbaijan Mugam "Chargiakh"*. On: Moscow 67 – Record No. 1. 020983-84(a), LP, 1967.

43) Ayler, Albert: *Love Cry*. Impulse! AS-9165, LP, 1968.

44) Coltrane, John and Alice Coltrane: *Cosmic Music*. Coltrane Recording Corporation. Vinyl, LP, AU 4950, 1968.

45) Allan, Jan: *Odin's Eye*. On Jan Allan – 70, Phono Suecia. CD, PSCD 130, 1968.

46) Brubeck, Dave: *The Light in the Wilderness: An Oratorio for Today.* Directed by Erich Kunzel and George Barron. Decca LP 7202, LP, 1968.

47) Ellington, Duke: *Second Sacred Concert.* Prestige Records 138256, LP, 1968.

48) Michael Garrick: *Jazz Praises at St. Paul's.* Michael Garrick Sextet, Airborne Records NBP0021, LP, 1968.

49) Summerlin, Ed: *Ring out Joy.* Avant- Garde Records AV 144, LP, 1968.

50) Scholtes, Father Peter: *They'll Know We Are Christians By Our Love.* F.E.L. Records FEL S-252, LP, 1968.

51) Habel, Norman with Richard Koehneke: *Invitation – The Lutheran Liturgy.* KFUO. Vinyl. LP KRES 769, 1968.

52) Gale, Eddie: *Ghetto Music.* Blue Note. Vinyl, BST 84294, 1968.

53) Father Herrera & The Trio ESP: *Jazz Goes To Church.* Enterprise LP S13-102, LP, 1968.

54) Brand, Dollar: *African Sketchbook.* Enja. Vinyl, LP 2026, 1969.

55) Brubeck, Dave: *The Gates of Justice.* The Dave Brubeck Trio. Decca LP 710175, LP, 1969.

56) Coltrane, Alice: *Huntington Ashram Monastery*. Performances by Alice Coltrane, Ron Carter, and Rashied Ali. Impulse! Records LP AS-9185, LP, 1969.

57) Hill, Andrew: *Lift Every Voice.* Andrew Hill Quintet and Vocal Ensemble. Blue Note BST 84330, LP, 1969.

58) McIntyre, Maurice: *Humility In The Light Of Creator.* Delmark Records DS-419, LP, 1969.

59) Roques, Michel: *Vers L'Homme – Gospel Night N°4.* With Gilles Jérome, Jacqueline Coivous. Unidisc (2). UD 30 169, LP, 1969.

60) Sanders, Pharoah: *Karma.* Impulse! Records AS-9181, LP, 1969.

61) Shepp, Archie: *Blasé.* BYG Records 529.318, LP, 1969.

62) Thomas, Leon: *Spirits Known and Unknown.* Flying Dutchman FDS 10115, LP, 1969.

63) Eddie Bonnemère: *Mass for Every Season.* Eddie Bonnemère, Private CSS 698, 331⁄3 rpm, 1969.

64) Eddie Bonnemère: *Missa Laetare (Mass of Joy),* Fortress Records CSS 795, LP, 1969.

65) Gehlen, Hermann: *Jazzmesse 1966.* Schwann AMS Studio amsstudio 600, LP, 1969.

66) Schneider, Kent with Dukes Of Kent, Voices Of Celebration: *Celebration For Modern Man.* Delmark Records DS-418, LP, 1969.

67) Silver, Horace: *That Healin' Feelin.* Blue Note BST 84352, LP, 1970.

68) Thomas, Leon: *Spirits Known and Unknown.* Flying Dutchman FDS 10115, LP, 1970.

69) Kleinschuster, Erich: *Oberwarter Messe.* Columbia 2E 062-33 036, LP, 1970.

70) Sanders, Pharoah: *Summun Bukmun Umyun – Deaf Dumb Blind.* Impulse!, AS 9199, LP, 1970.

71) Williams, Mary Lou: *Music for Peace,* Mary Records MG-7-202.488, LP, 1970.

72) Ayler, Albert: *Swing Low Sweet Spiritual.* Osmosis Records. Vinyl, LP 4001, 1971.

73) Coltrane, Alice: *Universal Consciousness.* Impulse! Records. Vinyl, LP AS-9210, 1971.

74) Roach, Max: *Lift Every Voice and Sing.* With the J.C. White Singers. Atlantic Records SD 1587, LP, 1971.

75) Russell, George: *Electronic Sonata For Souls Loved By Nature.* Flying Dutchman FD-10124, LP, 1971.

76) Adderley,Cannonball: *Soul of the Bible.* The Nat Adderley Sextet* Plus Rick Holmes. Capitol Records SABB-11120, LP, 1972.

77) Coltrane, Alice. Alice Coltrane With Strings: *World Galaxy.* Impulse! Records. Vinyl, LP AS-9218, 1972.

78) Hancock, Herbie: *Crossings.* Warner Bros. BS 2617. LP, 1972.

79) Rahim, Emanuel K.: *Total Submission.* Cobblestone CST 9014, LP, 1972.

80) Raphaël, Phil: *Stop, Look, Listen.* Selection Records LP 1012, LP, 1972.

81) Kloss, Eric: *Doors.* Cobblestone, CST 9006, LP, 1972.

82) Russell, George: *Listen To The Silence – A Mass for our time.* Concept Records CR002, LP, 1973.

83) Elia, Tim: *The Toronto Mass.* North American Liturgy Resources, LP, 30853, 1973.

84) Cherry, Don: *Relativity Suite.* With Jazz Composer's Orchestra. JOCA 1006, LP, 1973.

85) Harper, Billy: *Capra Black.* Strata-East. SES-19739, LP, 1973.

86) Kanno, Mitsuaki, Mitsuaki Kanno And Group: 詩仙堂の秋 = Shisendo No Aki. RCA JRS-7262, LP, 1973.

87) Piammenta, Albert: *Jazz Work Shop* – Mezare Israel Yekabtzenu. Isradisc SI 31028, LP, 1973.

88) Santana, Carlos and Mahavishnu John McLaughlin: *Love Devotion Surrender.* Columbia KC 32034, LP, 1973.

89) Coltrane, John: *Interstellar Space.* Impulse! AS-9277, LP, 1974.

90) Tatum, James: *Jazz Mass.* JTTP Records JTTP 1001, LP, 1974

91) Aizawa, Tohru. Tohru Aizawa Quartet: *Tachibana Vol. 1.* Tachibana Record. Vinyl. LP TLP-1001, 1975.

92) Ellington, Duke: *Duke Ellington's Third Sacred Concert – The Majesty God.* RCA APL 1-0785, LP, 1975.

93) Williams, Mary Lou: *Mary Lou's Mass*. Mary Records M 102, LP, 1975.

94) Coltrane, Alice: *Eternity*. Warner Bros. BS 2916, LP, 1976.

95) Coltrane, Alice: *Transcendence*. Warner Bros BS 3077, LP, 1977.

96) Shepp, Archie and Horace Parlan: *Goin' Home*. Duo album. Steeple Chase SCS-1079, LP, 1977.

97) Munoz, Tisziji: *Rendezvous with Now*. India Navigation IN 1034, LP, 1978.

98) Muhammad, Dawan: *Deep Stream*. Evidence Artistic Records EAR 1004, LP, 1979.

99) Sanders, Pharoah: *Journey to the One*. Theresa Records TR 108/109, LP, 1979.

100) Sarmanto, Heikki: *New Hope Jazz Mass*, Finlandia Records FA 201 LP2, LP, 1979.

Alphabetische Auswahl an Spiritual Jazz seit 1980

Aagre, Frøy: *Cycle Of Silence*. ACT Records ACT 9491-2, CD, 2010.

Aaltonen, Juhani: *Conclusions.* TUM Records TUM CD 021, 2009.

Aaltonen, Juhani: *Mother Tongue.* TUM Records TUM CD 002, 2003.

Akinmure, Ambrose: *The Imagined Savior is Far Easier to Paint.* Blue Note LC00133, CD, 2014.

Allen, Carl: *Testimonial.* Atlantic CD 82755, 1995.

Allen, Geri: *Timeless Portraits and Dreams.* Telarc CD 83645, 2006.

Bantzer, Claus: *Jazz-Mass "Missa Popularis."* ARTE NOVA LC 5234, CD, 2002.

Bartz, Gary: *Music is my Sanctuary.* Capitol Records ST-11647, LP, 1977.

Bell, Boris: *Sacred Drums.* EJK Records EJK 10, CD, 2017.

Bethlehem Progressive Ensemble: *Mod Lit.* Fortress Records LP 121-142-74, 1966.

Bivins, Jason: *Impermanence*. Digital Album. www.umbrellarecordings.com/2005.

Blade, Brian & The Fellowship Band: *Season of Changes*. Verve Records, B0010696-02, CD, 2008.

Blade, Brian & The Fellowship Band: *King's Highway.* Stoner Hill Records and Press – SHRP-LP 062018, 2023.

Blake Jr., John: *Motherless Child: Afro Blue*. Arc Records ARC2123, CD, 2010.

Blanchard, Terence: *A Tale of God's will.* Blue Note CD 0946 3 91532 2 0, 2007.

Boniface, Tim: *The Eight Words*. Independent Release. CD B01MV99HGR, 2017.

Boniface, Tim: *THE INFANT.* Self-published, www.timboniface.co.uk, CD, 2019.

Bonnemere, Eddie: *Missa Laetare*. Fortress Records LP 32-2153-74, 1969.

Bonnemere, Eddie: *O Happy The People*. Fortress Records LP 32-2369-74, 1973.

Bonnemere, Eddie: *Mass for Every Season*. Community of St. Thomas. LP CSS 698, 1969.

Brown, Phil: *Darkness Into Light.* CD Baby 2006.

Brubeck, Dave: *The Light in the Wilderness: An Oratorio for Today*. Decca LP 7202, 1968.

Brubeck, Dave: *The Gates Of Justice.* Decca LP DL 710175, 1969.

Brubeck, Dave: *Sacred Choral Works: Songs of Praise*. Dorian Recordings B0031DD17K, CD, 2010.

Brubeck, Dave: *To Hope! A Celebration*. Telarc CD B000003D1X, CD, 1996.

Bryant, Lance: *As For Me and My House*. Centricity Records, CD, 2008.

Bryant, Lance: *Count it All Joy*. Testimony Records, CD, 2006.

Bryant, Lance: *Psalm*. Testimony Records, CD, 2002.

Bryant, Lance: *Testify!*. Testimony Records, CD, 2002.

Burger, Markus: *Spiritual Standards – Songs Inspired by Martin Luther*, Challenge Records CR 73417, CD, 2017.

Byron, Don: *Love, Peace, and Soul.* Don Byron New Gospel Quintet. Savoy CD 17858, 2012.

Carter, Bill: *Faith in a New Key*. Presbybop Quartet. Presbybop, CD, 1998.

Carter, Bill: *John According to Jazz*. Presbybop CD 109895, 2005.

Carter, Bill: *Welcome Home*. Presbybop Quintet with Warren Cooper. Presbybop, CD, 2006.

Carter, Bill: *Psalms Without Words*. Presbybop PBOP1707, CD, 2009.

Carter, Bill: *Interior Window*. Presbybop Quartet. CD Baby. Presbybop 5637745619, CD, 2011.

Chestnut, Cyrus: *Blessed Quietness: Collection of Hymns, Spirituals, and Carols*. Solo piano. Atlantic 82948-2, CD, 1996.

Chestnut, Cyrus: *Earth Stories*. Atlantic AMCY-1136, CD, 1995.

Chestnut, Cyrus: *Genuine Chestnut*. TelArc CD-83634, 2006.

Chestnut, Cyrus: *Soul Food*. Atlantic CD 7567-83490-2, 2001.

Chestnut, Cyrus: *Spirit*. Jazz Legacy Productions JLP 0901002, CD, 2009.

Chestnut, Cyrus: *The Dark Before the Dawn*. Atlantic CD 82719-2, 1995.

Chestnut, Cyrus: *Revelation*. Atlantic CD 7567-82518-2, 1994.

Chestnut, Cyrus: *You Are My Sunshine*. Warner 48445-2, CD, 2003.

Choralconcert: *Paul Gerhardt. Inspiration & Evolution*. KlangRäume 30610, CD, 2008.

Cowherd, John: *Mercy*. Blue Note CD ASBN-0126, 2013.

Cullum, Jim: *Deep River: The Spirit of Gospel Music in Jazz*. Riverwalk Jazz RW CD 8, 1998.

Douglas, Dave: *Be Still*. Dave Douglas Quintet with Aoife O'Donovan. Greenleaf, CD, 2012.

Elling, Kurt: *Man In The Air*. Blue Note CD 80834, 2003.

Elling, Kurt: *The beautiful day*. Okah Masterworks CD 88985 34677 2, 2016.

Flick, Birgitta: *Dalarna*. Double Moon CD 1688315, 2013.

Forshaw, Dan: *Jazz Vespers*. 4shaw Music, www.danforshaw.com, CD, 2016.

Garbarek, Jan and The Hilliard Ensemble: *Officium*. ECM Records ECM 1525, CD, 1994.

Georgii, Christoph: *Die Erkenntnis der Liebe*. Self-published, www.christoph-georgii-trio.de, CD, 2018.

Gluskin, Burrell Joseph: *Lutheran Jazz Mass*. Fortress Records. Vinyl, LP, release date unknown, premiere at Grace Cathedral SF in 1987.

Grosch, Christian: *Songs of faith – Glaubenslieder*. Mons Records LC06458, CD 2021.

Guendel-vom Hofe, Albrecht: *What a Friend.* primTON pT-1181, CD, 2015.

Guendel-vom Hofe, Albrecht: *Confessiones – Bekenntnisse*. primTON pT-1182, CD, 2015.

Gustavsen, Tord: *What Was Said.* ECM Records ECM 2465, CD, 2016.

Gustavsen, Tord: *The Other Side*. ECM Records ECM 2608, CD, 2018.

Haage, Ulrike: *Himmelsbaum*. Blue Pearls Music BPM2020, CD, 2020.

Haden, Charlie and Hank Jones: *Come Sunday*. Emarcy CD 0602527503684, 2011.

Haden, Charlie and Hank Jones: *Steal Away: Spirituals, Hymns and Folk Songs*. Verve Records CD 527 249-2, 1995.

Hanschel, Roger: *Cathedrals*. shaa-music 1015-0403, CD, 2003.

Harris, Gene: *In His Hands*. Concord CCD-4758-2, CD, 1997.

Hawes, Hampton: *The Sermon*. Contemporary Records C-7653, LP, 1987.

Henriksen, Arve: *Places of Worship*. Rune Grammofon RCD 2147, CD, 2013.

Hoff, Jan Gunnar: *Meditatus.* Grappa GRCD 4253, CD, 2007.

Hoggard, Jay: *The Little Tiger*. Muse Records MCD 5410, CD, 1991.

Hoggard, Jay: *Love is the Answer*. Muse Records MCD 5527, CD, 1994.

Horat, Gisela: *Gisela Horat. Vol. 1*. Self-published, http://www.gisela-horat.ch, CD 2020.

Jaekel, Volker: *returning to essence*. Self published, www.volkerjaekel.com, CD, 2019.

Jamal, Ahmad: *After Fajr*. Dreyfus Records CD 36676, 2005.

Johansen, Tore: *Jazz Mass*. Inner Ear Records INEA06, CD, 2009.

Johänntgen, Nicole: *Solo*. Selmabird Records 83741, CD, 2019.

Jormin, Anders: *Ad Lucem*. ECM Records ECM 2232, CD 2012.

Jormin, Anders: *Songs in Meantone*. Eootprint Records FRCD 055, CD, 2011.

Jufer, Martin: *What a Friend*. Self-published, www.martinjufer.ch, CD, 2018.

Knittel, Wolfgang: *Jazz Mass,* Jazz Artists Repertory Orchestra, COTA Records 6795, CD, 2014.

Kordes, Olaf: *Easter Suite*. Self-published, www.ktg-trio.de, CD, 2006.

Landgren, Johannes: *In My Solitude – A Tribute To Duke Ellington And His Sacred Concerts*. Argument – ARCD1007, 1999.

Landgren, Johannes: *Där Du Går*. Swedish Society Discofil – SCD 1163, 2018.

Lewis, Ramsey: *With One Voice*. Narada CD 60699, 2005.

Lincoln Center Jazz Orchestra, The, with Wynton Marsalis: *A Love Supreme*. Palmetto Records CD PM 2106, 2004.

Lloyd, Charles: *The Water Is Wide*. ECM Records ECM 1734, 549 043-2, CD, 2000.

Lövmo, Olof: *Bli Kvar Hos Mig*. Self-published, www.lovemomusic.com, CD, 2016.

Maisha: *There is a place*. Brownswood Recordings, BWOOD0187, CD, 2018.

Maisha: *Gary Bartz & Maisha – Night Dreamer Direct-To-Disc Sessions.* ND007, LP, 2020.

Makhathini, Nduduzo: *In the Spirit of Ntu.* Blue Note Records, B003526602, CD, 2022.

Marcovic, Uros: *Jesus Saves.* CTA Records CTA007, CD, 2008.

Mark, Janne: *Pilgrim.* ACT MUSIC ACT 9735-2, CD, 2018.

Mark, Janne: *Kontinent.* ACT MUSIC. ACT (4) – 9742-2, CD, 2020.

Marohnic, Chuck: *Desert Spirit, The Music of Chuck Marohnic*. Streams Records S1001, CD, 1996.

Marohnic, Chuck: *Listen*. Sanctuary jazz, CD, 2002.

Marohnic, Chuck: *Morning Prayer*. Music Serving the World Ministries, CD, 2009.

Marohnic, Chuck: *Sanctuary Jazz*. Solo piano. Glorysound, CD, 1998.

Marohnic, Chuck: *Seeds*. Ravenswave, CD, 2005.

Marohnic, Chuck: *The Door*. Music Serving the World Ministries, CD, 2010.

Marsalis, Branford: *Footsteps of Our Fathers*. Marsalis Music CD 11661-3301-2, 2002.

Marsalis, Wynton: *In This House, On This Morning*. Columbia CD 53220, 1994.

Marsalis, Wynton: *The Abyssinian Mass.* Blue Engine Records BE 0005, CD, 2016.

McFerrin, Bobby: *Spirityouall.* Sony Masterworks CD MSWK 545686, 2013.

Mintzer, Bob: *Big Band Trane*. Digital Music Products CD 515, 1996.

Moreira, Airto with Gil Evans, WDR Big Band: *Misa Espiritual – Airto's Brazilian Mass*. Deutsche Harmonia Mundi LP HM 663, 1983.

Murray, David: *Speaking in Tongues*. Justin Time JUST 188-2, 1999, CD.

Murray, David: *Octet Plays Trane*. Justin Time JUST 1312, CD, 2000.

Neff, Michael: *Semper Reformanda*. Self-published, www.michael-neff.ch, CD, 2017.

Perko, Jukka: *Land Of Canaan – Northern Hymns*. Blue Note 7243 594552 2 8, CD, 2003.

Perko, Jukka: *Avara*. Blue Note 5099995601021, CD, 2011.

Peterson, Oscar: *Easter Suite 1984*. Arthaus Musik DVD 107 063, 2017.

Petzold, Matthias: *Psalmen und Lobgesänge für Chor und Jazz-Ensemble*. Petzold-jazz.de 1002 CD, 1994.

Petzold, Matthias: *Franziskusinventionen*. Petzold-jazz.de 1006CD, 2003.

Petzold, Matthias: *Giver of Life – Messe in verschiedenen Rhythmen und Sprachen*. Petzold-jazz.de. 1012 CD, 2019.

Reed, Eric: *Mercy and Grace*. Nagel Heyer Records CD 2030, 2003.

Roth, Peter: *Wisst Ihr denn nicht – Requiem für die Lebenden*. PRM 44/15, CD 2018.

Rule, Chanda: *Like Water*. LikewaterMusic (self-published), CD, 2005.

Rule, Chanda: *Hold On*. PAO Records 11370, CD, 2019.

Rust, Marcus: *Gloria a dios*. Self-published, www.duo-zia.de, CD, 2016.

Rust, Marcus: *Many and great are thy things*. Self-published, www.duo-zia.de, CD, 2014.

Sames, Barry: *Awaiting the Spirit*. Orchard B00004LMNZ, CD, 2006.

Scheel, Christian: *Sonnengesang*. Edition Jazz aus Kirchen EJK 12, CD, 2018.

Schifrin, Lalo: *Jazz Mass in Concert*. Aleph CD ALEP 007, CD, 1998.

Scott, Kendrick: *Conviction*. Concord Jazz CD 0888072341920, 2013.

Scott, Kendrick: *We are the drum.* Blue Note CD 0602547351531, 2015.

Scott, Kendrick: *A Wall becomes a Bridge.* Blue Note CD 774920 6, 2019.

Sieverts, Henning: *Hexacor*. petit paquet records LC 11881, 2x CD, 2013.

Smith, Gregg: *Music for an Urban Church,* GSS Records GSS 101, CD, 1984.

Smith, William E.: *A Jazz Mass,* The W.E.S. Group WES 00570, CD, 2005.

Spillmann, Matthias: *Mats-Up – Spielt Psalmen Von Said.* Unit Records UTR 4407, CD, 2012.

Stahr, Thomas: *Nun ist der Regen hin.* Edition Jazz aus Kirchen EJK8, CD, 2017.

Stiefel, Christoph: *Sofienberg Spirits*. NWog Records nwog 019, CD, 2018.

Stockhausen, Markus: *Abendglühen*. Aktivraum AR 10108, CD, 2008.

Stockhausen, Markus: *Ritual.* Aktivraum AR 10115, CD, 2015.

Stroman, Scott: *Jazz Mass,* Scott Stroman, 33 Records JAZZ157, CD, 2007.

Sturm, Ike: *Spirit*. Published by Ike Sturm, CD, 2004.

Sturm, Ike: *Jazz Mass*. CD Baby CD 12110, 2007.

Sturm, Ike & Evergreen: *Shelter of Trees.* Kilde Records, 2015, CD.

Surman, John: *Proverbs and Songs*. ECM Records ECM 1639, CD, 1998.

Sykes, Jubilant: *Jubilant*. Sony Classical SK 63294 CD, 1998.

Tardy, Gregory: *He Knows My Name*. Steeplechase CD 31647, 2008.

Taylor, Billy: *Let us Make a Joyful Noise.* Betco Records, Cassette A-440, 1986.

Tecson, Andy: *Chicago Jazz Mass.* Self-published. Availiable at church-jazz.com.

Tecson, Andy: *Jazz Psalms.* Self-published. Availiable at churchjazz.com.

Theiler, Yves: *It's Huldrych.* Edition Jazz aus Kirchen EJK 14, CD, 2019.

Theodicy Jazz Collective: *Canterbury Jazz Mass.* CD Baby B01MDSO-2NE, 2015.

Ulrik, Hans: *Suite Of Time.* Stunt Records STUCD 15112, CD, 2015.

Vance, Andy: *Amazing Grace.* NewMarket Music NEW 3183.2, CD, 2005.

Vance, Andy: *All Things Bright and Beautiful.* Newmarket Music NEW 3216.2, CD, 2006.

Vance, Andy: *Silent Night.* Newmarket Music NEW 3225.2, CD, 2006.

Vance, Andy: *Jesu Joy of Man's Desiring.* Newmarket Music NEW 3247.2, CD, 2008.

Vance, Andy: *Transit.* Gospel Groove Music GGM 2010 0801, CD, 2010.

Vance, Andy: *I Have No King But Jesus.* AVM 0012, CD 2014.

Vance, Andy: *A bit of this.* JSAV 01, CD 2016.

Vance, Andy: *Silent Night at Sunset.* PVAVCD1, CD 2016.

Villmow, Michael: *Verley uns Frieden.* Double Moon Records LC 01221, CD 2017.

Villmow, Michael: *Da Pacem.* Hey!blau Records HBL-20089, CD, 2021.

Voirol, John: *Kontraste, Gregorianik und Jazz im Dialog.* Musiques Suisses CD 6214, 2004.

Voirol, John: *In tempore pacis.* Self-published, www.johnvoirol.ch, CD, 2017.

Voirol, John: *Solo – 10 Musik-Gebete in früher Morgenstunde*. Self-published, www.johnvoirol.ch, CD, 2019.

Walden, Chris: *Kurt Marti Suite*. Chris Walden Big Band & St. John's Choir, Hamburg. Origin Records CD 82482, 2007.

Walden, Chris: *Missa Iubileum Aureum: Golden Jubilee Jazz Mass*. LMR Jazz Orchestra, and St. Dominic's Schola Cantorum, Origin Records, Origin 82854, CD, 2022.

Washington, Kamasi: *The Epic*. Brainfeeder Records BFCD050, 3x CD, 2015.

Washington, Kamasi: *Harmony of Difference*. Young Turks YTCD17, CD, 2017.

Watta, Rebecca: *Am Morgen*. Self-published, www.rebeccawatta.allyou.net. CD, 2016.

Wesseltoft, Bugge: *Everybody Loves Angels*. ACT MUSIC ACT 9847-2, CD, 2017.

Wesseltoft, Bugge: *It's Snowing On My Piano*. ACT MUSIC ACT 9260-2, CD, 2012.

Weston, Randy: *The Spirits Of Our Ancestors*. Antilles 314-511 896-2, 2x CD, 1992.

Whalum, Kirk: *The Gospel According to Jazz Chapter 1*. Warner Bros CD 47113, 1998.

Whalum, Kirk: *The Gospel According to Jazz Chapter 2*. Warner Bros CD 886233, 2002.

Whalum, Kirk: *The Gospel According to Jazz Chapter 3*. Mack Avenue/Rendezvous Entertainment CD REN 5142, 2010.

Whalum, Kirk: *Hymns in the Garden*. Warner Bros WBCD 2002, 2001.

Wright, J. J.: *Inward Looking Outward*. Ropeadope Records ROD-246, CD, 2014.

Williams, Joe: *Feel the Spirit*. Telarc CD-83362, 1995.

Witkowski, Deanna: *From This Place*. Tilapia, CD, 2008.

Witkowski, Deanna: *Having To Ask.* Orchard CD 2477. 2000.

Witkowski, Deanna: *Length of Days*. Artistshare CD 0010, 2005.

Witkowski, Deanna: *Wide Open Window*. Khaeon CD 200303, 2003.

MIX
Papier aus verantwortungsvollen Quellen
FSC® C014138
www.fsc.org

Product footprint
CO_2 Neutral
PBN-CFMCP-015258
www.preferredbynature.org

Zum Schutz der Umwelt verzichten wir bei diesem Buch
auf das Einschweißen mit Folie

www.claudius.de

Umschlaggestaltung: Weiss Werkstatt, München
Gesetzt aus der Adobe Garamond Pro und Lucida Sans
Druck: FINIDR s.r.o, Český Těšín

ISBN 978-3-532-62889-8